REFLEXIONES SOBRE ÉTICA Y DERECHOS HUMANOS

Gonzalo Uribarri Carpintero

2019

Mazatlán, Sinaloa, México

Síntesis Curricular del autor

Dr. Gonzalo Uribarri Carpintero

Doctor en Derecho con *mención honorífica*. Maestría en Derecho Constitucional y Derechos Humanos. Licenciatura en Derecho con mención especial, los tres títulos obtenidos en la Universidad Panamericana. Diplomado en Interpretación y Argumentación Jurídica en la Universidad Panamericana Diplomado en Arbitraje Comercial Internacional en la Escuela Libre de Derecho.

Autor de varios libros y numerosos artículos sobre temas procesales, constitucionales, derechos humanos y de ética judicial.

Profesor con experiencia docente de 32 años. Imparte Derechos Humanos, Justicia Alternativa y Ética judicial en el Instituto de la Judicatura Federal del PJF, en la Universidad Panamericana campus México y Aguascalientes; impartió en ITESM campus Estado de México y Ciudad de México durante 10 años varias asignaturas. En la Universidad La Salle campus ciudad de México y en varias universidades de provincia. Actualmente imparte Derechos Humanos y Derecho Constitucional en la Universidad Autónoma de Durango campus Mazatlán.

Fue Secretario Académico de la Facultad de Derecho de la Universidad Panamericana campus México, en la que impartió cátedras de Derecho del Trabajo, Soluciones Alternas de Controversias y Derecho Procesal del Trabajo desde 1990.

Desde 2003 ha servido en el Poder Judicial de la Federación como Secretario técnico A y Asesor de Mando superior en la Secretaría Ejecutiva Jurídico Administrativa de la Suprema Corte de Justicia de la Nación; Asesor en el Instituto de Investigaciones Jurisprudenciales y de Promoción y Difusión de la Ética Judicial de la Suprema e Investigador Jurisprudencial en el Centro de Estudios Constitucionales, también del Alto Tribunal, y de marzo de 2017 a marzo de 2018 secretario de apoyo en la Extensión Regional Mazatlán del Instituto de la Judicatura Federal.

Es Socio fundador de *BASIC* Bufete de Asesoría de Servicios Integrales Corporativos, asesoría en medios alternativos de solución de conflictos, mediación empresarial, ética de negocios y asesoría jurídica, con residencia en Mazatlán, Sinaloa, México.

REFLEXIONES SOBRE ÉTICA Y DERECHOS HUMANOS
Casos emblemáticos

Presentación

Esta obra comprende una colección de reflexiones acerca de la ética en conexión con el derecho, la justicia y los derechos humanos. Es el resultado de una actividad de estudio sobre ciertos fenómenos sociales y culturales que en los últimos diez años se han suscitado en México y otras partes del mundo. Abarca diversos matices del obrar jurídico del ser humano, desde la posición que guarda la ética con el derecho, el abuso de los derechos, ética judicial e interpretación jurídica, discriminación, libertad de expresión en general y en medios digitales, y un repaso a ciertos hechos y actos que colocan al libre albedrío en dilemas morales. Justamente, de dilemas se encuentra plagada la decisión del hombre al tener que escoger entre la ética, el derecho, la justicia o la equidad. La obra comienza con un repaso acerca de casos emblemáticos interesantes que tienen a la ética como principal protagonista, en conexión con la observancia de derechos humanos y valores universales; posteriormente se analizan algunas problemáticas de ética aplicada en el quehacer jurisdiccional tomadas de noticias internacionales y una miscelánea de curiosidades jurídicas que no por ser curiosas no dejan de ser controversiales.

1.- Introducción

¿Cuándo tiene una persona su primer contrato con la ética? ¿cómo se enteró cada uno o a propósito de qué hecho, de la existencia de la ética? ¿Cuándo de la moral? ¿Puede una persona que entrevistemos en la calle decirnos qué es la ética y más aún, distinguirla de la moral? ¿Está de "moda" hablar de ética en los negocios, o la llamada ética empresarial, la ética del periodismo, en las gestiones de las universidades? ¿No decimos a veces que algo o alguien es 'inmoral'?

Desde que alguien afirma que el fin justifica los medios, ahí es cuando la ética pasa a cuestionar la acción. Si repasamos un poco la historia, veremos que los resultados de las guerras y gobiernos más crueles se olvidaron por completo de la ética, mencionada por cierto en los fallos de los juicios de Nuremberg, en los casos de asesinos seriales, en la búsqueda del poder —en la política– y en las recientes dos décadas, en una apertura de ideologías catalogadas como de pluralismo, en fin, en un mundo del siglo XXI que, por un lado, busca de nuevo acercarse a la ética y por otro alejarse de ella.

En efecto, los dueños de empresas y algunas instancias gubernamentales, por ejemplo, están procurando capacitarse y capacitar a sus ejecutivos y empleados en la ética, elaborar códigos de ética y, con ello, creer que luego de enseñar un poco de todo, quienes no eran 'éticos', de un diplomado salen prístinos y sin mancha, y quien se suponía que sabía algo de lo que era la ética, ahora con todo ese bagaje aprendido será mejor persona… ¿realmente es así? No lo creo, porque la ética no es aprenderse solamente unas cuantas reglas y ya. Como dice muy bien Fernando Savater[1]: "La ética no nos interesa porque nos entregue un código o un conjunto de leyes que baste con aprender y cumplir para ser buenos y quedarnos descansados con nosotros mismos… la ética es la práctica de reflexionar sobre lo que vamos a hacer y los motivos por los que vamos a hacerlo".

En el presente estudio, no pretendemos ofrecer un análisis que diga qué es la ética y cómo debemos ser éticos, y cuándo no, pues se da por entendido que, sin la ética ni la moral, se mutila la comprensión de la realidad humana[2]. No es el espacio adecuado para ello, aunque desde luego no podemos dejar de acudir a algunas notas o repasos sobre la filosofía moral y la evolución de la misma de Aristóteles y Kant, el utilitarismo y demás doctrinas explicativas en boga.

El objetivo que nos planteamos es hacer un recorrido a los problemas y dilemas morales que han puesto justamente a la ética en la mira de sus inquietudes; que la han revalorado y a la vez menospreciado, a unos casos emblemáticos que mueven

---

[1] *Ética de urgencia*. México, Ariel, 2012, p. 16.
[2] *Ética mínima*. Adela Cortina. 16ª ed., Madrid, Tecnos, 2012, p.p. 40-41

mucho a la reflexión y cautela. Nos encontramos en una etapa de la <u>existencia</u> en que una porción de la humanidad está ávida de la ética para subsistir, pero, paradójicamente, otra porción está ansiosa por erradicarla.

En dichos dilemas morales hay una variedad enorme de realidades que desafían a la ética, que contemplan muchas facetas del comportamiento humano, su relación con la justicia, con el derecho y con el orden moral, que son realmente inquietantes; debido a su vastedad, enmarcaremos algunos casos muy llamativos y sobre todo, un fenómeno que está rompiendo los moldes de la comunicación entre personas y sociedades, el de las redes sociales e internet.

2.- La ética en nuestros días

La vida moderna es una maraña de contradicciones; pese a los avances tecnológicos y científicos, que se supone coadyuvan a las personas en su diario quehacer laboral y de relaciones sociales, en realidad no existe una concepción de la vida simplista y ligera: la sociedad actual está inmersa en un cúmulo de dilemas morales que permean su comportamiento y por supuesto, su concepción y operación de la ética. En efecto, actualmente hay una pugna enorme entre sectores sociales que pelean causas en las que se toman decisiones basadas en la moral. Después de todo, las decisiones siempre o casi siempre implican un juicio de valor y conllevan una carga moral. Como bien afirma Michael Sandel[3]: "en la sociedad democrática la vida está llena de desacuerdo acerca de lo que está bien y de lo que está mal, de la justicia y de la injusticia…"

Los asuntos que contemplan un trasfondo moral evidente son los más vistosos en los medios de comunicación y en las redes sociales, en la literatura de los filósofos morales y políticos y a últimas fechas, tales asuntos han irrumpido en los

---

[3] *Justicia.* Barcelona, Debate, 2011. Pág. 38.

expedientes de tribunales supremos, manipulados para que lleguen ahí y dilucidar si existe un derecho humano, si existe un derecho humano violado, si, en general, hay alguna nueva colección de derechos a añadir al catálogo virtual de derechos humanos.

¿Cuáles son los actos y conductas que enfrenta la ética en nuestros días?

Los que hemos nacido en los años cincuenta del siglo XX pudimos tener contacto con la ética desde que, en la niñez y la adolescencia recibíamos aquellas enseñanzas y tradiciones que nuestros padres y abuelos nos inculcaron a lo largo de la educación en el hogar, en la escuela primaria, secundaria y aun en la preparatoria, en las que se enseñaba ética y civismo, y también Moral. Podemos recordar el famoso 'Manual de Carreño de Urbanidad y buenas maneras' que contemplaba –además de formas de comportamiento adecuados en ciertos espacios como la casa, la familia, las fiestas, etc.– algunas reglas morales, el cual se sigue editando pero cuya lectura actualmente se cataloga como cursi, pasada de moda o de plano anacrónica; no podemos olvidar que la ética la volvemos a ver en la asignatura de ética profesional en la carrera elegida, y a menos que estudiase uno la licenciatura en filosofía o en sociología y otras ciencias sociales afines, estaría conectado a una carga de ética más o menos elevada.

¿Cuál es la impresión que produce en la actualidad el anuncio de un curso de ética?

Muchas personas ven a la ética como un discurso aburrido e innecesario, para gente muy "religiosa" e incluso como algo ingenuo. Del profesionista hay diversas recepciones, desde la más escéptica hasta –quizá– la más entusiasta.

No obstante, en lo que va del siglo XXI, ha habido, por llamarlo de algún modo, un repunte de la Ética, en la administración pública, en el congreso, en el poder judicial y aún en los negocios. Han proliferado códigos de ética, códigos de conducta, lineamientos éticos y demás instrumentos análogos, que tratan de concientizar en cierto grado a sus destinatarios, lo trascendental que significa para las instituciones, el comportamiento ético, (el correcto, el idóneo, el bueno).

3.- Necesidad de la Ética en el Derecho. El eterno debate

En este repaso de la ética en el siglo XXI, sigue siendo un eterno debate la vinculación de la moral con el derecho, de sustentar la norma jurídica con la moral, con una moral social aceptada por una comunidad. Uno de los problemas con los que se enfrenta actualmente un operador o intérprete del derecho es la conexión entre la moral y el derecho, entre la interpretación de la norma jurídica abstracta o neutral y una interpretación que admita postulados éticos. El eterno debate de si la ética está inmersa en el derecho o no.

¿Seguimos utilizando el modelo legalista del siglo XIX (normativismo) o aplicamos a la hermenéutica la moderna teoría de los principios, y la indubitable conexión que existe entre moral y derecho? ¿Qué se está haciendo al respecto?

Señala Rodolfo Vigo, ilustre iusfilósofo argentino[4]: "Los jueces comienzan a fundar jurídicamente sus sentencias en los principios, y éstos hoy viven, como lo señala Prieto Sanchis, una nueva edad de oro. Y no obstante la carga tan pesada que se soportó en el siglo pasado, "a lo largo de la segunda mitad del siglo XX los jueces y el derecho vivo o en acción apela de una manera cada vez más clara y frecuente a los principios." Y es que los principios, como bien afirma Vigo, tienen contenido moral y forma jurídica.

Decimos lo anterior a propósito de lo que se afirma en algunos sectores de la sociedad, que los jueces no deben juzgar con base en criterios morales sino solo en criterios o ideas jurídicas; que los jueces no deben resolver con base en la moral propia, que no deben dejarse influir por ideas religiosas, que no tienen por qué

---

[4] "El iusnaturalismo clásico". *Ars Iuris*, Revista de la Facultad de Derecho de la Universidad Panamericana, número 37, 2007, pág. 101.

imponer su moral y frases parecidas; en suma, que se ajusten a la ley, nada más. ¿Debe ser así?

En la interpretación de los hechos y las normas, resulta cierto afirmar que se examinan conductas humanas, mismas que, para la ética y el derecho importan muchísimo, ya que los actos humanos son el tema directo de ambas ciencias[5]; si la ética estudia la bondad o maldad de la conducta humana, de modo que tales actos deben pasar por una evaluación que necesariamente implicará a su vez una incursión en el estudio de los valores, en especial del valor moral; pensamos por tanto que, en realidad, no todo es jurídico en un caso controvertido. Hoy ya no es suficiente la metodología de la subsunción. Hoy ya no es suficiente, se reitera, el método de Savigny para interpretar las normas, ni las ordinarias ni la Constitución misma. No podemos seguir tolerando la postura kelseniana de que la moral 'contamina' al derecho. Robert Alexy[6] apunta, por cierto, algo que a muchos inquieta: "…los problemas de la justicia son problemas morales".

No obstante, lo evidente de la vinculación con la ética en la tarea interpretativa, la sola mención de la palabra *ética* o de *moral* asusta, inclusive ofende, irrita, a muchos, y se dejan llevar por la idea de que ellas son o provienen de una religión, y que, por consecuencia, se está violando la Constitución, la ley o el Estado "laico". Más todavía, que la moralidad es sinónimo de hipocresía.

Suele también etiquetarse a la moral o a la ética, (o como se acostumbra ahora decir, le dan el "estereotipo")[7] de medieval, conservador, u oscurantista, o 'moralino'[8] a quien hable de ética, en el campo que sea: en el derecho, en la empresa, en los negocios, en la política, en las relaciones humanas, en la aplicación de la ley…

---

[5] Véase la utilísima y necesaria obra de consulta de Aristóteles: *Ética a Nicómaco*. Madrid, Mestas, 2010, pág. 49.
[6] "Derecho y Moral", en *Interpretación Constitucional*. (coord.) Eduardo Ferrer Mac-Gregor. México, Porrúa, 2005, Tomo I, pág. 5.
[7] Actualmente este recurso lingüístico es utilizado para asignar modelos o actitudes presuntamente negativas.
[8] Vocablo empleado para denostar a la moral, si bien su significado real es moral superficial, pero el contexto que se usa va destinado a tratar a la moral como algo cursi.

Nada más alejado de la verdad. Esta creencia (o mito) parte de confundir la ética y la moral con la religión. Las diferencias son grandes y por ello es oportuno establecerlas; así, podremos seguir sosteniendo nuestra postura sobre la necesidad de acudir a la ética en la interpretación jurídica: de las leyes, de los tratados internacionales, de la Constitución, porque el edificio del fascismo jurídico se ha derrumbado.

La diferencia entre ética y moral. Moral viene de *mos, mores*, que significa costumbre; ética, del griego *ethos*, cuyo significado es también, costumbre; sin embargo, la diferencia radica en:

a) Las normas morales se encuentran en todas las sociedades y se trasmiten, generalmente, de generación en generación, evolucionan con el tiempo, son diferentes entre sociedades y épocas y se emplean para orientar la conducta de sus integrantes. Esas normas morales que imperaban en la edad media, y aun en algunas culturas subsisten, por ejemplo, en que los padres elijen la pareja para sus hijos, aspecto que puede parecernos obsoleto; o la esclavitud en la antigüedad, en que era generalmente aceptado ser propietario de uno o varios esclavos, asunto que hoy es considerado una infamia y violación a varios derechos fundamentales de la persona. En síntesis, la moral es un conjunto de normas establecidas en el seno de una sociedad y como tal, ejerce una influencia muy poderosa en la conducta de sus integrantes, puede en ese contexto, ser una norma coercitiva impuesta por esa sociedad. El origen, pues, de estas normas, es externo. [9]

b) La ética constituye un grupo de normas y principios que el individuo ha establecido como la línea directriz de su propia conducta. Ciencia que estudia la bondad o maldad de los actos humanos. El estudio de la ética incluye una incursión en el estudio de los valores. La ética surge del interior

---

[9] Raúl Gutiérrez Sáenz. *Introducción a la Ética.* 8ª ed., México, Esfinge, 2006. Págs. 68 y sigs.

de las personas. La ética es la ciencia que descubre, individualiza y desarrolla de modo racional, los deberes y los fines propios del ser humano, de conformidad con la ley natural.[10]

c) Como es fácil apreciar, nada de lo anterior tiene necesariamente su base en "la religión". Precisa apuntar algunos componentes de la religión para cerrar el círculo de las diferencias: según Gutiérrez Sáenz[11], la religión tiene varios significados, entre ellos, que significa una unión del hombre con Dios, lejos de todo fanatismo e intrascendencias, de extremos neuróticos (laicidad a ultranza) y de supersticiones. La base de la práctica de las religiones radica justamente en la libertad del ser humano de elegir la fe que desee conforme a su conciencia, he ahí lo valioso del libre albedrío.

Es claro que hay puntos de contacto entre normas religiosas, éticas y morales; antiquísimos preceptos como "no matarás", "no robarás", "no matarás", están presentes en los códigos penales de todos los países de la Tierra. Pensar que las nociones de "lo bueno y lo malo" están alejadas de estas normas, o bien por arriba de ellas, es acomodaticio, individualista y basadas en nuestros antojos.

Es paradójico que, mientras la sociedad en conjunto clama porque se respeten los derechos humanos, se respete el estado de derecho, se aplique justicia y se le exija ética al juzgador, haya quienes se rasguen las vestiduras al escuchar las palabras "moral" y "ética". Escriben o "manifiestan", que los servidores públicos, los partidos políticos, los policías, los jueces, los empresarios se conduzcan "con ética" ... ¿no es contradictorio? Hasta podría pensarse que poseen "una doble moral". ¿En qué momento de la historia reciente se abandonó el sistema de valores básicos de la sociedad en general, subjetivándolo *al extremo* y asumiéndose cada quien como

---

[10] Jorge Adame Goddard. "¿Qué significa el estado laico hoy en México?", en *Revista Ars Iuris*, de la Facultad de Derecho de la Universidad Panamericana. México, Número 40. 2008, pág. 28.
[11] Op. Cit., pág. 95.

pauta de valoración, llevando con ello a nuestra nación al borde de una verdadera crisis social? Desde el más elemental respeto a las normas administrativas del tránsito vehicular que se ha complicado por el aumento de vehículos y el escaso respeto a las señales del semáforo, hasta las campañas políticas huecas, sin propuestas concretas y los crímenes terribles que cada vez son cometidos con mayor saña, la ética en toda acción humana está sufriendo una verdadera crisis existencial.

Expuestas tales condiciones sociales ¿cómo deben interpretarse las normas jurídicas –incluyendo la constitución, que también es una norma– y resolver con justicia en la sentencia? Rodolfo Vigo[12] afirma que el juez debe ser, para interpretar, también filósofo y transitar en el plano de la *iuris prudentia* y asumir valores, principios y la exigencia de la equidad. Asimismo, el iusfilósofo argentino plantea como directrices para la tarea de la interpretación constitucional, de que la labor interpretativa de la Constitución tiene por objetivos básicamente la optimización de la eficacia jurídica de la misma, de su sistematización, de considerarla como parte del sistema jurídico, de no concentrarse tanto en la voluntad del legislador para buscar las claves de las dudas interpretativas, ya que la debilidad de éste método es el paso del tiempo y las nuevas realidades que pueden llevar a soluciones justas o inadecuadas. Y, como la constitución es una norma diferente a las demás, incorpora un sistema de valores esenciales que ha de constituir el orden de convivencia política y de informar todo el ordenamiento.

4.- El derecho sin eticidad no tiene consistencia

La doctrina apunta claramente esta necesidad; señala Andrés Ollero[13] que a estas alturas "los esquemas aplicativos propios del normativismo positivista resultan ya

---

[12] *La injusticia extrema no es derecho.* México, Fontamara, 2008. p. 16
[13] *Derechos Humanos. Entre la moral y el derecho.* México, UNAM, 2007, p. 246.

inviables. Si la misma norma –según como se interprete– puede en unos casos considerarse inconstitucional y en otros no, parece claro que el ordenamiento jurídico no puede seguir considerándose como un mero entramado de normas, sino que ha de incluir otros elementos –no menos jurídicos– capaces de justificar tal pluralismo interpretativo. La, presuntamente lógica, *aplicación de normas* da así paso a una ponderación, indisimulablemente valorativa, de *principios*. En efecto, la protección de los derechos humanos circula menos a través de la aplicación de normas que mediante la laboriosa ponderación de principios…" continúa en otro párrafo Andrés Ollero[14]: "por más que se haya recurrido a su diseño de control concentrado de constitucionalidad, el *decisionismo* formalista kelseniano ha quedado claramente abandonado, para dar paso a un continuo esfuerzo por establecer, lo más juiciosamente que sea posible, la jerarquía valorativa a reconocer en un caso concreto. La validez de las leyes, así como su interpretación más ajustada, habrá de ser confirmada en contraste con las exigencias de los derechos, en una operación que resuma implicaciones éticas."[15]

Tales posiciones nos conducen a la reflexión –más todavía con la expedición de las reformas a la Constitución en materia de derechos humanos– de si al fin vamos a transitar de una interpretación normativista, caracterizada por el modelo del silogismo deductivo en que la norma legal dictada por el legislador operaría como premisa mayor, y al caso judicial luego de subsumírselo en la hipótesis fáctica prevista en aquella se le aplicarían las consecuencias jurídicas respectivas, a una interpretación, basada en la corriente contemporánea de la interpretación constitucional conforme, a causa de la redacción del nuevo artículo primero de la Constitución, que ordena en su segundo párrafo: *Las normas relativas a los derechos humanos se interpretarán de conformidad con esta Constitución y con los tratados internacionales*

---

[14] Ídem, pág. 247.
[15] El subrayado es nuestro.

de la materia favoreciendo en todo tiempo a las personas la protección más amplia. Porque el modelo sabiniano está agonizando…

Superado el otrora 'edificio perfecto' kelseniano, podemos señalar en un apretado resumen de los alcances del pensamiento de Radbruch[16], algunas conclusiones:

1.- "El pensamiento de Radbruch superó definitivamente la típica sinonimia decimonónica entre derecho y ley, atreviéndose a hablar de un derecho supralegal desde el que se podía descalificar a las leyes formalmente válidas.

2.- Concluir su filosofía jurídica en una fuerte presencia del hombre y la humanidad, bajo los rótulos de derechos humanos, libertad, derecho universal, etc.

3.- No quedar anclado en un normativismo al admitir la presencia operativa en el derecho de ciertos "principios básicos de derecho natural".

Refiere Andrés Ollero[17] que "todo texto constitucional alude implícitamente a una teoría de la justicia, más o menos definida, que invita a plasmar en la práctica."

Esta reflexión nos lleva a la conclusión de que el juez no puede soslayar la moral de la sociedad en que vive[18] ni los valores éticos que se autoimpone. Puede que haya colisión entre una y otros, pero en cuanto el juzgador sea poseedor de una sólida formación ética, sabrá equilibrar ambos extremos para actuar con serenidad, prudencia y profesionalismo.

5.- Ética e internet

Este binomio es sumamente controversial y colmado de dudas. De hecho, es complejo debido justamente a la noción de ciberespacio, la concepción que se

---

[16] La injusticia extrema no es derecho. Págs. 54-55.
[17] *Derechos Humanos*. Entre la moral y el derecho. México, UNAM, 2007, pág. 250.
[18] La temática de la moralidad social amerita otro estudio y reflexión que desarrollaremos en breve. Basta mencionar, por ahora, que una sociedad sin fundamento moral está a la deriva, a merced de los que están en el poder y que impongan a través de leyes positivas, ideologías amorales o francamente inmorales (recuérdese, por ejemplo, el nazismo).

tenga de la ética y las repercusiones que ambas pudieran tener en el quehacer jurisdiccional.

En el transcurso de estas líneas, estaremos apoyándonos en la obra de Cees J, Hamelink, *La ética del ciberespacio*, publicada por editorial siglo XXI el año 2015, y cuya lectura es altamente recomendable para abarcar toda la problemática jurídica y moral que implica viajar por ese territorio que también se le ha llamado la "dimensión desconocida". Otra publicación ad hoc es *La constitución del ciberespacio*, obra colectiva coordinada por Emilio Suñé Llinás, publicada por editorial Porrúa en coedición con la Red Internacional de Juristas para la Integración Americana, en el año 2015, y de cuyo contenido y comentarios daremos cuenta en otro artículo, dada la magnitud de las dos piezas fundamentales que propone la obra, como son la 'Constitución del Ciberespacio' y la 'Declaración de Derechos del Ciberespacio', partiendo de la base de un meta territorio que se regula y a la vez debe ser autorregulatorio.

Ahora bien, en lo que respecta al título de este parágrafo, en primer término, cabría hacer algunas anotaciones preliminares relativas a las innovaciones tecnológicas y sus repercusiones en nuestras vidas, y su interrelación con la ética elemental.

Efectivamente, el avance de la tecnología, y sobre todo de las tecnologías de la información, ha traído enormes beneficios, pero también grandes riesgos y a la vez, paradójicamente, una nueva esclavitud.

El término 'ciberespacio' fue inventado en 1981 por William Gibson, para hablar de un espacio virtual, basado en Alvin Toffler[19], y damos por hecho que se trata de un espacio en el que se "navega" o se recorre a través de redes y fibra óptica. Aunque en realidad, se trata de un territorio 'virtual' que puede afectar al material, al físico, y tener impacto en la vida de las personas y la sociedad entera.

---

[19] Quien, en su libro de 1971, *Future Shock,* puso de moda la palabra *"cyborgs"*. Hamelink, op. cit., pág. 22.

En los años ochenta del siglo pasado, la computación, la cibernética y las tecnologías de la información y comunicación se encontraban en una fase casi experimental, de lento desarrollo, si bien para entonces ya Steve Jobs había presentado sus primeras computadoras personales y el mercado de las computadoras personales empezaba a expandirse. Entre aquellos años y hoy, existe un abismo enorme que se ha cruzado hasta llegar a una era de la digitalización en la cual no podemos subsistir sin contar con un dispositivo electrónico que maneje nuestra agenda, nuestras llamadas telefónicas, mensajes y documentos, transacciones comerciales y una gama de actividades que en los años ochenta solo podíamos imaginarlo y manejar como un tema de ciencia ficción.

Hoy, por tanto y gracias a la magia desplegada por el código binario es que se ha facilitado la actividad e interacción en ese meta territorio etéreo que llamamos ciberespacio, conectando teléfonos inteligentes, computadoras, televisiones, *tablets* y otros dispositivos, acercando más aún la información al usuario y miles de sitios que acudir y consultar. Llevamos a cabo transacciones comerciales, bancarias, enviamos cartas, consultamos revistas y periódicos, tomamos fotografías, 'cargamos' y escuchamos música, etc.

En el ciberespacio hay un fenómeno social que, en nuestra opinión, ha generado una toxicidad enorme en los internautas; dice Carlos Ruiz Caballero[20] que "el internauta está ebrio del nuevo poder que tiene entre sus manos… la tecnología es la nueva ideología…" por lo que el internauta tiene un espacio ilimitado de actuar técnicamente considerándolo lícito y moral. De manera que el internauta tiene ante sí todo lo que quiere mientras las empresas que se anuncian en internet lo "miman" y le guardan sus gustos y tendencias. Explotan por tanto la demanda de todo aquello que es realmente innecesario para la vida diaria y

---

[20] "La audiencia (participativa), contra los derechos de la audiencia", en *Los derechos de las audiencias*. Guillermo Tenorio, (Coord.). México, Flores Editor y Distribuidores, 2017, pág. 9.

sobresaturan la idea de que mientras más tiempo permanezca el individuo "visible" en las redes sociales, por ejemplo, más importante y atractivo será él y su vida. Ruiz Caballero[21] lo enfatiza: "en una sociedad de la vanidad, la finalidad es ser visto". Pero como es posible observar, en este proceso de ver quién impacta más, se atraviesa un contenido irresistible en internet y redes sociales en particular: la vida privada de los demás. Según Ruiz Caballero, esto inició con la televisión con los *reality shows* con la irrupción de lo privado en el espacio público, con la intimidad como espectáculo…

En este peculiar y triste comportamiento de la gente en internet, sale dañada la dignidad y el honor, con el resultado de una humillación a las personas. Por eso nos interesa resaltar la necesidad de un contenido ético en el ciberespacio, ya que de existir mayor conciencia de ello no traería consigo esa denigración de las personas y su dignidad; Avishai Margalit[22] lo dice claramente: "una sociedad decente es aquella cuyas instituciones no humillan a las personas".[23]

En el mundo virtual, afirma Hamelink[24] como en el real, tenemos que tomar decisiones, algunas de ellas de índole moral. En el mundo real las reglas de conducta, las normas jurídicas, aún las morales (aunque algunos las nieguen), están a la vista, son asequibles; en cambio, la interacción y las normas de comportamiento en el ciberespacio no lo están, o, al menos, no son tan conocidas como debieran ser el derecho positivo, la Constitución Política y las reglas de tránsito elementales, muy básicas para el desarrollo de las relaciones jurídicas y aún sociales. En efecto, en el ciberespacio el internauta no se comporta igual que en el mundo real, se cree en una tierra aparentemente "de nadie", pero lo que ahí sucede

---

[21] Loc. cit,

[22] Citado por Ruiz Caballero, op. Cit., pág. 12.

[23] En las últimas semanas de 2017, ha salido a la luz pública en todos los medios, acusaciones contra políticos y personajes del cine y televisión, señalándolos por haber hecho acoso sexual contra mujeres y hombres, que la propia sociedad condena a priori, respondiendo empleadores y gobiernos despidiéndolos y cerrándoles las puertas del empleo y de la justa defensa sin haber sido juzgados legalmente. Los medios y la opinión pública ya los declaran culpables *ipso facto*.

[24] Op. Cit., p.p. 60-61.

puede trascender al mundo real, a la vida material; hay tantos ejemplos que no cabrían en este estudio, tan sólo lo limitamos a señalar lo que sucede en ese "territorio sin fronteras": piratería informática, robo de identidad, *hackeo, spamming*, violación a la privacidad, pornografía, asecho a menores, delitos cibernéticos y otras tantas acciones que, evidentemente, reclaman la presencia de normas jurídicas concretas que regulen el comportamiento de las personas frente a la pantalla de su computadora, *tablet*, teléfono móvil o dispositivo inteligente que tenga a la mano.

Parte de la culpa de todo lo que ocurre con estas acciones se debe a un abuso de la libertad de expresión; tanto basados en la Primera Enmienda norteamericana como en la liberal concepción del ciberespacio como "tierra de nadie", existe una percepción desde hace mucho tiempo que ese espacio debe ser regulado ad hoc a fin de que haya una ética de la comunicación que no sea tan destructiva de personas, dignidades, vidas, honor y derechos fundamentales.

El derecho "viejo", por llamarlo de alguna manera, no es suficiente para regular el ciberespacio, o no es del todo idóneo. Si bien se requiere acudir a los preceptos básicos de la propiedad intelectual para proteger derechos de autor y patentes, así como normas jurídico-penales para prevenir el robo de identidades, respetar la privacidad de las personas, tanto en su esfera personal como patrimonial y su imagen, también existen medidas autorregulatorias a base de códigos de conducta y reglas de "netiqueta".[25]

Sin hacer alusión al tema de delitos cibernéticos ni piratería informática, que da para mucho debate y comentario, bástenos en este contexto aludir a la autorregulación a base de la codificación de reglas éticas que algunas organizaciones han elaborado para un uso "aceptable" del ciberespacio:

1.- La Universidad del Sur de California formuló una "Declaración de la Ética de las Redes", en las que prohibía "trastornar en forma deliberada el tráfico de las

---

[25] Hamelink, pág. 61.

redes, usar en forma fraudulenta las computadoras de la universidad, robar datos, equipo y propiedad intelectual, comportarse en forma inadecuada en los salones de computación y apoderarse de correos electrónicos."[26]

2.- El Código de Conducta de los CyberAngels, basado en el derecho a la libertad de expresión, se combina con la responsabilidad del uso de la misma para el bien común de los internautas. Tales "ángeles" sugieren que la comunidad se autorregule, por lo que ellos se limitan a perseguir pedófilos, piratas de software, etc.

3.- Finalmente, las reglas de etiqueta del Instituto para la Ética Informática que se pueden ver en el sitio web de Arlene Rinaldi y que cita puntualmente Cees J. Hamelink[27], son considerados algo así como los diez mandamientos para la ética informática que son aplicables a todos los habitantes del ciberespacio, y que consideramos importante transcribir aquí:

"1. No usarás la computadora para dañar a otras personas.

2. No interferirás con el trabajo de otras personas en la computadora.

3. No husmearás en los archivos de otras personas.

4. No usarás una computadora para robar.

5. No usarás una computadora para levantar falsos testimonios.

6. No usarás o copiarás software por el que no has pagado.

7. No usarás los recursos de la computadora de otras personas sin autorización.

8. No te apropiarás de la producción intelectual de otras personas.

9. Reflexionarás sobre las consecuencias sociales de los programas que escribas.

10. Usarás la computadora en formas que demuestren consideración y respeto."

---

[26] Loc. Cit.
[27] Op. Cit., pág. 65.

Es posible apreciar en estas breves reglas y en las reflexiones que hemos plasmado en estas líneas, que las decisiones que se tomen al escribir un correo electrónico, un simple mensaje en "*Whatsapp*"o *Messenger*, o revelar información confidencial, por decir unos pocos ejemplos, pueden constituir un dilema ético que redundaría en un perjuicio posterior a la imagen de las personas y su reputación, causar daño a las instituciones o a terceros si no tomamos conciencia del uso de esta otra realidad. Por eso es importante la ética en el ciberespacio.

En una dimensión legislativa sin igual, hay esfuerzos por llevar una 'gobernanza' esencial al ciberespacio, ante la evidente anomia de que adolece este territorio. Emilio Suñé Llinás[28] ha encabezado ese trabajo con su propuesta de una Constitución del Ciberespacio y una Declaración de Derechos del Ciberespacio desde el año 2006, con la finalidad de articular jurídicamente una *Telecivitas*, o Gobierno del ciberespacio, o Federación Ciberespecial, aprobada por todos los ciudadanos del mundo que quisieran participar mediante referéndum, a base de un complejo sistema de voto digital. Tal gobernanza, dice Suñé, deberá tener el reconocimiento de los Estados y la ONU, mediante tratados internacionales universales. Siendo una propuesta tan vasta la obra de Suñé Llinás[29] que excede el fin de este breve ensayo, bástenos con observar la amplitud y lo ambicioso del proyecto, que el mismo autor reconoce que el esfuerzo (con criterios antiguos) hecho por las organizaciones internacionales como la UNCITRAL con el comercio electrónico, la firma electrónica, el arbitraje telemático y otros tópicos afines, una de las competencias de la llamada *Telecivitas* es promulgar en forma de Corpus (mediante un conjunto de leyes, un verdadero Código de las Obligaciones en el Ciberespacio, que abarquen todos estos aspectos que se manejan en el típico

---

[28] *La Constitución del Ciberespacio*. México, Porrúa, 2015. Págs.43 y ss.
[29] Op. Cit., pág. 211.

derecho internacional privado o derecho uniforme porque traspasa precisamente las fronteras físicas.

6.- Libertad de expresión en medios digitales

En conexión con el tópico arriba analizado, la libertad de expresión en medios digitales reviste una especial problemática que amerita también un análisis crítico.

Introducción

Se afirma que la libertad de expresión es uno de los derechos fundamentales por excelencia, es decir, que puede considerársele como preponderante o inclusive más relevante que todas las demás libertades reconocidas y reguladas en la Constitución Política, en las declaraciones de derechos humanos universal y americana, en tratados y en convenios internacionales.

No obstante que la doctrina lo considera como uno de los derechos humanos más trascendentes, lo cierto es que, como los demás, tiene límites. En efecto, salvo el derecho a la vida y a la integridad física de las personas que son derechos absolutos, lo cierto es que la libertad de expresión debe tener límites pues al abusarse de su ejercicio puede dañar la imagen pública y vida privada de las personas, e inclusive su vida entera; también la imagen y reputación de las instituciones.

El artículo 6° Constitucional prevé justamente una serie de limitaciones a tal libertad, como a continuación se ilustra:

"Artículo 6o. La manifestación de las ideas no será objeto de ninguna inquisición judicial o administrativa, sino en el caso de que ataque a la moral, la vida privada o los derechos de terceros, provoque algún delito, o perturbe el orden público; el derecho de réplica será ejercido en los términos dispuestos por la ley. El derecho a la información será garantizado por el Estado.

Toda persona tiene derecho al libre acceso a información plural y oportuna, así como a buscar, recibir y difundir información e ideas de toda índole por cualquier medio de expresión."

Desde la invención de la imprenta, siempre se ha querido ejercer censura y presión hacia el derecho de prensa y a la libre expresión de las ideas; la historia está llena de sucesos tan tristes y lamentables, por lo que, al llegar la Ilustración y la declaración francesa de 1789, se habría asentado como principio universal y necesitado de respeto y protección.

Sin embargo, pese a ello y a las sucesivas leyes y constituciones la libertad de expresión se ha ejercido en exceso o violando a su vez otros derechos, o se le ha coartado por gobiernos tiranos una y otra vez aun en pleno siglo XXI.

Disposiciones constitucionales y convencionales hacen eco de esta fundamental libertad, que es pieza clave del debate público.

Así, la Primera Enmienda de la Constitución de los Estados Unidos de América dispone la libertad de expresión en términos un poco más absolutos:

"El Congreso no podrá hacer ninguna ley con respecto al establecimiento de la religión, ni prohibiendo la libre práctica de la misma; ni limitando la libertad de expresión, ni de prensa; ni el derecho a la asamblea pacífica de las personas, ni de solicitar al gobierno una compensación de agravios".

La sola interpretación de los vocablos "no podrá hacer ninguna ley", nos podría indicar que la libertad de expresión es absoluta. Sin embargo, en el transcurso de dos siglos la citada enmienda ha tenido que ser interpretada (lo mismo que nuestro artículo sexto) por los tribunales constitucionales para hallar el justo medio del ejercicio de esta libertad. Nótese asimismo que la prohibición va dirigida principalmente al poder legislativo.

En el ámbito regional, el artículo 13 de la Convención Americana de Derechos Humanos concibe así la libertad de expresión:

"Artículo 13. Libertad de Pensamiento y de Expresión 1. Toda persona tiene derecho a la libertad de pensamiento y de expresión. Este derecho comprende la libertad de buscar, recibir y difundir informaciones e ideas de toda índole, sin consideración de fronteras ya sea oralmente, por escrito o en forma impresa o artística, o por cualquier otro procedimiento de su elección.

2. El ejercicio del derecho previsto en el inciso precedente no puede estar sujeto a previa censura sino a responsabilidades ulteriores, las que deben estar expresamente fijadas por la ley y ser necesarias para asegurar:

a) el respeto a los derechos o a la reputación de los demás, o

b) la protección de la seguridad nacional, el orden público o la salud o la moral públicas.

3. No se puede restringir el derecho de expresión por vías a medios indirectos, tales como el abuso de controles oficiales o particulares de papel para periódicos, de frecuencias radioeléctricas, o de enseres y aparatos usados en la difusión de información o por cualesquiera otros medios encaminados a impedir la comunicación y la circulación de ideas y opiniones.

4. Los espectáculos públicos pueden ser sometidos por la ley a censura previa con el exclusivo objeto de regular el acceso a ellos para la protección moral de la infancia y la adolescencia, sin perjuicio de lo establecido en el inciso 2.

5. Estará prohibida por la ley toda propaganda en favor de la guerra y toda apología del odio nacional, racial o religioso que constituyan incitaciones a la violencia o cualquier otra acción ilegal similar contra cualquier persona o grupo de personas, por ningún motivo, inclusive los de raza, color, religión, idioma u origen nacional."

Lógicamente, la existencia de la libertad de expresión corre peligro en democracias débiles o de plano en tiranías, y en democracias fuertes, la libertad de expresión representa madurez y tolerancia. Los últimos sucesos ocurridos en Venezuela y en los Estados Unidos de América, por ejemplo, son una muestra de tiranías que a toda costa quieren acallar a los medios de comunicación y a toda una nación.

Por otro lado, los vocablos "sin consideración de fronteras" de este artículo en su párrafo 1, nos alerta para interpretarlos no solo como fronteras físicas sino también de fronteras etéreas, es decir, que trasciendan al ciberespacio.

En el Convenio para la Protección de los Derechos Humanos y las Libertades Fundamentales (Europa) su artículo 10 dispone:

"1. Toda persona tiene derecho a la libertad de expresión. Este derecho comprende la libertad de opinión y la libertad de recibir o de comunicar informaciones o ideas sin que pueda haber injerencia de autoridades públicas y sin consideración de fronteras. El presente artículo no impide que los Estados sometan a las empresas de radiodifusión, de cinematografía o de televisión a un régimen de autorización previa. 2. El ejercicio de estas libertades, que entrañan deberes y responsabilidades, podrá ser sometido a ciertas formalidades, condiciones, restricciones o sanciones, previstas por la ley, que constituyan medidas necesarias, en una sociedad democrática, para la seguridad nacional, la integridad territorial o la seguridad pública, la defensa del orden y la prevención del delito, la protección de la salud o de la moral, la protección de la reputación o de los derechos ajenos, para impedir la divulgación de informaciones confidenciales o para garantizar la autoridad y la imparcialidad del poder judicial."

En la medida en que se comprende el contexto social y político, es en que el ejercicio de la libertad de expresión, y lo que se dice con ella, se va moldeando su moderación, su represión o su expansión. La tendencia es hacia la más elevada protección legal, pero en ocasiones ello no es posible.

Un medio idóneo, que en los últimos 15 años ha ido penetrando en las sociedades modernas, son las redes sociales: para que el individuo o grupos sociales se expresen con mayor libertad han sido las redes sociales que emplean el ciberespacio, y que incluso han coadyuvado a campañas políticas, a derrocamiento de tiranías y como denuncia de conductas delictivas. Hay publicación de muchas otras cosas, que a veces pensamos que debieran limitarse porque conducen a consideraciones no éticas o de plano ilegales.Pero: ¿hay allí plena libertad? ¿Es posible abusar de la libertad de expresión en medios digitales sin que haya consecuencias? *You Tube, Twitter, Whats App, Facebook* y otras redes, ¿son medios más eficaces que la prensa escrita? ¿Se ejerce en ellas la censura? ¿es "tierra de nadie"?

Para averiguar el estatus de la libertad de expresión en las redes sociales, es decir, cuál es el tratamiento que gobiernos y grupos sociales le están dando al ciberespacio como medio de expresión de ideas, acudiremos al estudio de algunas sentencias de tribunales constitucionales y de cortes de derecho humanos: la Corte Suprema mexicana, la Corte Suprema estadunidense, el Tribunal Europeo de Derechos Humanos y la Corte Interamericana de Derechos Humanos.

Una somera interpretación a los artículos constitucionales y convencionales citados nos daría como resultado que las restricciones a la libertad de expresión deben estar contempladas en la propia constitución y en la ley; no obstante, la acción gubernamental y también de particulares (por ejemplo, grupos corporativos propietarios de telecomunicaciones) pueden aplicar censura –de facto– excesiva o de plano cerrar totalmente los medios cualquiera que sea su portavoz: grupos sociales minoritarios, periodistas, ciudadanos comunes, universidades, en fin, la sociedad en conjunto puede resultar perjudicada con la censura si ésta no tiene a su vez controles legales.

Consideramos de valor incalculable revisar la interpretación judicial en este particularísimo terreno jurídico porque nos darán sin lugar a dudas, criterios interesantes y luces (o sombras) de la concepción judicial de esta fundamental libertad.

a.- México

De la expresión de las ideas o más bien los medios por los cuales se pueden manifestar los pensamientos, la filosofía, ideologías, literatura, la música, la pintura, (el arte en general) letras de canciones, posturas económicas, posturas políticas, en fin, cualquier expresión hablada o escrita a través de la radio la televisión, el cine, los periódicos, las revistas, son objeto de escrutinio por el poder público. Es un hecho y no se puede soslayar, por más que los políticos en el poder lo nieguen. Casos de periodistas asesinados en Veracruz, principal pero no únicamente, el caso de la periodista Aristégui y otros que recientemente fueron despedidos de una estación de radio por ejercer su oficio periodístico con el escudo de la libertad de expresión y otros más lo confirman. Aunque es necesario reconocer que hoy existe más libertad que en los años del poder político absoluto ejercido en más de 70 años de gobierno con partido único.

Hamelink[30] lo describe muy bien: "todas las formas de comunicación sufren la amenaza de la censura. Todos los días las personas se vuelven víctimas de medidas de censura: se asesina a periodistas, se detiene a escritores, se ponen bombas en las estaciones de radio y se prohíben películas. De forma menos drástica, pero más frecuente, los padres callan a sus hijos y los empleados se ven limitados en su libre expresión. La censura es común en toda clase de regímenes –autoritarios, totalitarios o liberales democráticos–, y en todo tipo de relaciones humanas."

La libertad se ejerce con responsabilidad; así lo debió concebir el Constituyente cuando limitó a la libertad de expresión en el artículo sexto constitucional, en los casos en que se ataque a la moral, la vida privada o los derechos de terceros, provoque algún delito, o perturbe el orden público; cuando se redactó este

---

[30] Cees J. Hamelink. *La ética del ciberespacio*. México, Siglo XXI, pág. 197.

precepto, no había redes sociales ni ningún medio digital pero es lógico suponer que también serían aplicables a éstos últimos con los que actualmente cuenta la sociedad para manifestar sus ideas tales como internet, las redes sociales entre las que destacan el Facebook, correo electrónico, chats individuales y colectivos entre otros.

En México durante muchos años órganos especiales de la secretaría de gobernación se encargaron de ejercer la censura en la televisión, la prensa, los periódicos y la radio; ahora bien, con relación a la libertad de expresión en medios digitales los gobiernos escudriñan evidentemente el ciberespacio, y por supuesto que intentan y lo logran, bloquear la señal y así censurar o coartar la libertad de expresión y de información. La reforma a varios artículos de la Ley Federal de Telecomunicaciones y Radiodifusión impulsada por el actual gobierno, permite que las autoridades accedan a datos personales de los usuarios de telecomunicaciones, obligan a las concesionarias y autorizadas a conservar un registro de datos sobre las comunicaciones de los usuarios e imponen la obligación a las concesionarias o autorizadas de aportar la localización geográfica en tiempo real de los dispositivos móviles de los usuarios de redes de telecomunicaciones.

La reforma en cuestión fue impugnada de inconstitucional y llegó a la Suprema Corte de Justicia de la Nación, en que acomodó e integró lo que la ley no contemplaba, para concluir que no había inconstitucionalidad en las normas impugnadas (artículos 30, 189 y 190).

La pregunta sigue en el aire: ¿qué tanta libertad de expresión existe en los medios digitales y cuáles son los casos que han llegado a los tribunales?

En el caso de México se puede abordar la libertad de expresión tanto en la doctrina como en los casos decididos por los tribunales; ha habido en el pasado decisiones que no contemplaron como derivado de la libertad de expresión, manifestaciones artísticas; en efecto, hubo un caso hace algunos años revisado por la Corte mexicana en donde la Sala correspondiente interpretó más que nada a la ley acusada de violatoria de derechos humanos y negó al poeta Sergio Witz el amparo solicitado, porque escribió un poema supuestamente ultrajando a la bandera mexicana.

En el caso de Sergio Witz, muy bien reseñado por Miguel Carbonell[31] en un artículo intitulado "Ultrajando a la Constitución. La Suprema Corte contra la libertad de expresión", el poeta campechano publicó en una revista de su estado el poema al que le denominó "La patria entre mierda". Fue acusado por violar los artículos 191 y 192 del Código Penal Federal que tipifica los delitos de ultraje a las insignias nacionales. Procesado el vate, acudió en amparo de la Justicia Federal argumentando la inconstitucionalidad de tales preceptos por ir en contra de la libertad de expresión. La Corte negó el amparo con la mayoría de tres votos en la Primera Sala. Una minoría de dos ministros captó el tema, como lo señala Carbonell[32], enfocado precisamente a la inconstitucionalidad de unas normas que atentaban contra la libertad de expresión sin encontrar ningún rastro de violación o ultraje a las insignias nacionales. El proyecto aprobado por la mayoría, consideró que se violaba la "dignidad de la nación", aunque en realidad se estima que la dignidad es una categoría distintiva de las personas individualmente consideradas y no de corporaciones o países. El artículo de Rafaela López Salas[33] describe muy bien esta parte considerativa de la sentencia de la Corte, respecto al análisis a los símbolos patrios, la dignidad de la nación y un conflicto de derechos en que a su juicio no se supo aplicar la metodología interpretativa correcta.

Evidentemente, a la luz de la literatura ortodoxa, el poema en cuestión es de mal gusto, pero representa el pensamiento de un escritor sobre un símbolo que la

---

[31] Biblioteca Jurídica Virtual del Instituto de Investigaciones Jurídicas de la UNAM. www.juridicas.unam.mx
[32] Op. Cit., pág. 131.
[33] "El caso Sergio Witz, ¿un conflicto de derechos?" en *Cuestiones Constitucionales*. Revista Mexicana de Derecho Constitucional. Número 16. https://revistas.juridicas.unam.mx/index.php/cuestiones-constitucionales/article/view/5798/7649

historia de México ha personalizado y ensalzado como venerable. Un pensamiento o poema si se le quiere seguir llamando, que merece protección constitucional. El caso en cuestión era materia real para ser analizado en la Comisión Interamericana de Derechos Humanos.

Años después, la Corte le dio apertura amplia al tema, y en una tesis que abajo se transcribe, concibe a la libertad de expresión con mayor expansividad que anteriormente, dándole dos dimensiones, la individual[34] y la política[35]:

LIBERTAD DE EXPRESIÓN. DIMENSIÓN INDIVIDUAL DE ESTE DERECHO FUNDAMENTAL.

La libertad de expresión en su dimensión individual asegura a las personas espacios esenciales para desplegar su autonomía individual. Así, se ha establecido que el contenido del mensaje no necesariamente debe ser de interés público para encontrarse protegido. En consecuencia, la dimensión individual de la libertad de expresión también exige de un elevado nivel de protección, en tanto se relaciona con valores fundamentales como la autonomía y la libertad personal. Desde tal óptica, existe un ámbito que no puede ser invadido por el Estado, en el cual el individuo puede manifestarse libremente sin ser cuestionado sobre el contenido de sus opiniones y los medios que ha elegido para difundirlas. Precisamente, la libre manifestación y flujo de información, ideas y opiniones, ha sido erigida en condición indispensable de prácticamente todas las demás formas de libertad, y como un prerrequisito para evitar la atrofia o el control del pensamiento, presupuesto esencial para garantizar la autonomía y autorrealización de la persona.

Amparo directo en revisión 1434/2013. Conservas la Costeña, S.A. de C.V. 22 de octubre de 2014. Mayoría de cuatro votos de los Ministros Arturo Zaldívar Lelo de Larrea, Jorge Mario Pardo Rebolledo, quien reservó su derecho para formular voto concurrente, Olga Sánchez Cordero

---

[34] Décima Época. Registro: 2008100. Instancia: Primera Sala. Tipo de Tesis: Aislada. Fuente: Gaceta del Semanario Judicial de la Federación . Libro 13, Diciembre de 2014, Tomo I. Materia(s): Constitucional
[35] Décima Época. Registro: 2008101
Instancia: Primera Sala. Tipo de Tesis: Aislada Fuente: Gaceta del Semanario Judicial de la Federación. Libro 13, Diciembre de 2014, Tomo I. Materia(s): Constitucional. Tesis: 1a. CDXIX/2014 (10a.). Página: 234

de García Villegas y Alfredo Gutiérrez Ortiz Mena. Disidente: José Ramón Cossío Díaz, quien reservó su derecho para formular voto particular. Ponente: Arturo Zaldívar Lelo de Larrea. Secretarios: Ana María Ibarra Olguín y Arturo Bárcena Zubieta.

LIBERTAD DE EXPRESIÓN. DIMENSIÓN POLÍTICA DE ESTE DERECHO FUNDAMENTAL.

La libertad de expresión en su vertiente social o política constituye una pieza central para el adecuado funcionamiento de la democracia representativa. En este sentido, se ha enfatizado la importancia de la libre circulación de las ideas para la formación de la ciudadanía y de la democracia representativa, permitiendo un debate abierto sobre los asuntos públicos. La libertad de expresión se constituye así, en una institución ligada de manera inescindible al pluralismo político, valor esencial del Estado democrático. Esta dimensión de la libertad de expresión cumple numerosas funciones, entre otras, mantiene abiertos los canales para el disenso y el cambio político; se configura como un contrapeso al ejercicio del poder, ya que la opinión pública representa el escrutinio ciudadano a la labor pública; y contribuye a la formación de la opinión pública sobre asuntos políticos y a la consolidación de un electorado debidamente informado. Dicho ejercicio permite la existencia de un verdadero gobierno representativo, en el que los ciudadanos participan efectivamente en las decisiones de interés público.

Amparo directo en revisión 1434/2013. Conservas la Costeña, S.A. de C.V. 22 de octubre de 2014. Mayoría de cuatro votos de los Ministros Arturo Zaldívar Lelo de Larrea, Jorge Mario Pardo Rebolledo, quien reservó su derecho para formular voto concurrente, Olga Sánchez Cordero de García Villegas y Alfredo Gutiérrez Ortiz Mena. Disidente: José Ramón Cossío Díaz, quien reservó su derecho para formular voto particular. Ponente: Arturo Zaldívar Lelo de Larrea. Secretarios: Ana María Ibarra Olguín y Arturo Bárcena Zubieta.

Por lo que hace a la censura previa, y a una mayor protección de la libertad de expresión y manifestación de ideas, el Cuarto Tribunal Colegiado en Materia Administrativa del Primer Circuito[36], acudiendo a la jurisprudencia interamericana y el Pacto de San José, establece un criterio acorde a los cánones de protección de derechos humanos de vanguardia, en nuestra opinión:

CENSURA PREVIA. ESTÁ PROHIBIDA POR LA CONVENCIÓN AMERICANA SOBRE DERECHOS HUMANOS COMO RESTRICCIÓN A LOS DERECHOS FUNDAMENTALES A LA INFORMACIÓN Y A LA LIBERTAD DE EXPRESIÓN, A MENOS DE QUE SE ACTUALICE LA EXCEPCIÓN CONTENIDA EN SU ARTÍCULO 13, NUMERAL 4.

El artículo 6o. de la Constitución Política de los Estados Unidos Mexicanos establece, entre otros, dos derechos funcionalmente esenciales en la estructura del Estado constitucional de derecho, que tienen una doble faceta: por un lado aseguran a las personas espacios esenciales para desplegar su autonomía individual, que deben ser respetados y protegidos por el propio Estado y, por otro, gozan de una vertiente pública, colectiva o institucional que los convierte en piezas centrales para el adecuado funcionamiento de la democracia representativa. Es así que el derecho a la información, correlacionado con la libertad de expresión, son derechos fundamentales que gozan de una vertiente pública, colectiva o institucional, que los convierte en piezas básicas para el adecuado funcionamiento de la sociedad democrática; es decir, se trata de una libertad no sólo individual, sino que contiene una dimensión social y exige que se respete el derecho de los individuos no sólo a expresar el pensamiento propio, sino también, como miembros de un colectivo, a recibir información y conocer la expresión del pensamiento ajeno, lo que hace que revista la característica

---

[36] Época: Décima Época. Registro: 2002720. Instancia: Tribunales Colegiados de Circuito. Tipo de Tesis: Aislada. Fuente: Semanario Judicial de la Federación y su Gaceta. Libro XVII, Febrero de 2013, Tomo 2 Materia(s): Constitucional. Tesis: I.4o.A.13 K (10a.). Página: 1329

de ser de orden público y de interés social. No obstante, estos derechos no son absolutos, sino que admiten restricciones, las que, conforme a la Convención Americana sobre Derechos Humanos, deben responder a los fines previstos en su artículo 13, numeral 2, en el sentido de ser necesarias para asegurar "el respeto a los derechos o a la reputación de los demás" o "la protección de la seguridad nacional, el orden público o la salud o la moral públicas". En este contexto, la censura previa se concibe como una interferencia o presión directa o indirecta sobre cualquier expresión, opinión o información difundida a través de cualquier medio de comunicación, la cual, a nivel convencional, está prohibida, en tanto limita la circulación libre de ideas y opiniones, permite la imposición arbitraria de aquéllas y la creación de obstáculos al libre flujo informativo, de suerte que no se justifica su imposición, a menos de que se actualice la excepción contenida en el numeral 4 del citado precepto 13, la cual resulta permisible en el caso de espectáculos públicos, pero únicamente con el fin de regular el acceso a éstos para la protección moral de la infancia y la adolescencia, pues en todos los demás casos, cualquier medida preventiva que implique el menoscabo a la libertad de pensamiento y expresión no será admisible.

CUARTO TRIBUNAL COLEGIADO EN MATERIA ADMINISTRATIVA DEL PRIMER CIRCUITO.

Queja 128/2012. Emmanuel Melamed Sharfman. 14 noviembre de 2012. Unanimidad de votos. Ponente: Jean Claude Tron Petit. Secretaria: Mayra Susana Martínez López.

Los anteriores criterios, que ya incluyen la consideración de la doctrina interamericana de protección a los derechos humanos, contienen la impronta protectora hacia la libertad de expresión y manifestación de ideas en otros ámbitos distintos a los de la prensa escrita y la televisión y radio, es decir, a los medios digitales: internet y redes sociales son el medio más penetrante en ciertos sectores de la sociedad para hacer valer una idea, una reflexión o una ideología completa. Y acorde al texto de los convenios internacionales la protección abarca también el ciberespacio.

No hay asuntos a la vista en la Corte o tribunales federales que revisen la censura previa o que coarten la señal o información relativa a personas o instituciones en internet, en Facebook o twitter, aunque desde luego en otras latitudes sí están ocurriendo censuras, que, a mi juicio, van de la mano con las protecciones que los convenios internacionales han procurado, como es descartar el discurso de odio, racismo, discriminación o incitación o apología a cometer crímenes. El caso de Facebook es emblemático y a continuación citamos una nota que confirmaba lo que ha estado sucediendo en esta red social, de que los administradores de la misma cierran perfiles de personas que colocan expresiones de odio o racismo:

"Alemania (Univisión/EFE):

· *Abren caso contra Facebook por "incitación al odio". La investigación preliminar afecta a Mark Zuckerberg y otros nueve dirigentes de la red social señalados de no hacer lo suficiente para detener los comentarios racistas de sus usuarios. <u>La justicia alemana anunció este lunes que abrió una investigación a raíz de una denuncia por "incitación al odio" contra el creador de Facebook Mark Zuckerberg por falta de cooperación de su red social contra los comentarios racistas.</u> Esta investigación, que se encuentra en un estadio preliminar, busca "examinar si se puede identificar una actuación penalmente reprensible" y si "el derecho alemán puede aplicarse" en este caso, dijo a la AFP un portavoz de la fiscalía de Münich encargada del expediente, Florian Weinziel. La investigación se abrió para examinar el fundamento de un eventual proceso judicial por "incitación al odio" tras la presentación de una denuncia en este sentido por un abogado alemán basado en Baviera, la región de Münich, Chan-jo Jun, contra Zuckerberg, precisó el portavoz. Según el abogado, que acogió con satisfacción esta iniciativa judicial, la investigación* *preliminar afecta a Mark Zuckerberg y otros nueve dirigentes de Facebook. El gobierno alemán ya advirtió en varias ocasiones a Facebook y otras redes sociales, reprochándoles su excesiva tolerancia hacia usuarios que expresan posiciones racistas o antisemitas. Paradójicamente, en la vecina Polonia varios grupos ultraderechistas protestaron el sábado por la decisión de Facebook de censurar temporalmente sus contenidos. Unas 120 personas se aglomeraron en la capital polaca, gritando lemas en contra de la censura. Facebook recientemente bloqueó los perfiles de varios grupos de ultraderecha en la antesala del Día de la Independencia, el viernes 11 de noviembre, cuando los grupos iban realizar sus marchas. En años recientes en esa fecha han ocurrido choques de esos grupos con la policía. Facebook ya ha soltado los perfiles de los ultranacionalistas. Los presentes en la marcha en Varsovia el sábado exigieron que Facebook respete el derecho a la libertad de expresión. Dijo Krzysztof Bosak del Movimiento Nacional: "Lo que está haciendo Facebook viola nuestros derechos constitucionales". Entre otros grupos presentes estaban el Campo Nacionalista Radical y la Juventud Nacional Polaca".[37]*

La Asociación de Internautas ha publicado en su página[38] que Facebook ejerce una censura implacable tratándose de contenidos que alberguen pornografía, incitación al odio o discursos racistas, algo que molesta a muchos internautas que, como los de Alemania, consideran transgredida su libertad de expresión. Sin embargo, como veremos en el siguiente segmento, la censura de mérito es justificada pues tales comportamientos son atentatorios de los derechos humanos, de la dignidad de las personas y acaso su privacidad y su vida e integridad física misma. Es interesante lo que dice[39] dicha asociación:

*"Según explica Víctor Domingo, presidente de la Asociación de Internautas, **Facebook está cerrando miles de perfiles, pero este atropello no se está plasmando en una denuncia masiva contra la red social porque los usuarios suelen dar el caso por perdido**. "Se suele pensar que como esto no se paga no hay nada que reclamar, se tiende*

---

[37] Reporte sobre la Magistratura en el Mundo. Página oficial de la Suprema Corte de Justicia de la Nación: www.scjn.gob.mx Nota del 7 de noviembre de 2016.
[38] http://www.internautas.org/html/643
[39] Loc. Cit.

al conformismo", explica Domingo, quien reniega de esta idea y defiende que "Facebook, como proveedor de servicio, no debe ser el responsable y dueño de lo que en él se aloja, sino que tienen que ser los autores los responsables de lo que publican, para lo bueno y para lo malo" porque, tal y como esto está diseñado, **los propietarios de Facebook dictan sus propias normas, con criterios distintos a los legales y, una vez dentro de la red social, las posibilidades de litigar en su contra son prácticamente nulas".**

"Lo que está haciendo Facebook -explica Domingo- es convertirse en juez y parte de la libertad de expresión, decidiendo qué es correcto, justo o ético sin que esto se dirima en un juzgado, sin ajustarse a las leyes, sino al criterio de un webmaster o a la arbitrariedad del responsable de la web". *Y lo peor de todo esto, aseguran desde la Asociación de Internautas, es que los usuarios tienen gran parte de culpa en este recorte de derechos, pues* **la mayoría acata un sistema de funcionamiento dictatorial sin plantearse siquiera qué tipo de contrato tiene con Facebook.** *"La gente cuelga en Facebook las fotografías de sus recién nacidos y sus planes de Navidad como si fuera su casa, y se trata en realidad de una casa ajena a la que le otorgamos fascículos de nuestra intimidad", advierte el presidente de AI."*

Es lógico pensar que, si en el espacio correspondiente a un perfil el invitado coloca pornografía o discursos de odio, el "dueño de la casa" impida su paso; la forma de pensar de algunos internautas como los ejemplos mostrados quieren llevar al extremo la libertad de expresión, como absoluta totalmente, sin tomar en cuenta que tal libertad tiene límites. Es ignorancia pura y producto de la época de libertinaje que estamos viviendo.

b.- El Sistema Interamericano de Derechos Humanos

Se cuenta con la Relatoría Especial para la Libertad de Expresión de la Comisión Interamericana de Derechos Humanos (CIDH), misma que, en su informe anual del año 2015 afirma su preocupación sobre la actividad estatal de regulación de internet poco ortodoxa pues aplica estándares para otros medios de comunicación a dicha regulación y conmina a desarrollar normas ad hoc. El informe[40] en lo que nos interesa afirma lo siguiente:

"La Relatoría recomienda a los Estados abstenerse de aplicar a Internet enfoques de reglamentación desarrollados para otros medios de comunicación y diseñar un marco normativo alternativo y específico para este medio, de conformidad con los estándares internacionales vigentes en materia de libertad de expresión. En particular, garantizar que el tratamiento de los datos y el tráfico de Internet no sea objeto de ningún tipo de discriminación, de conformidad con el principio de neutralidad de la red. Asimismo, reitera su recomendación a los Estados para que revisen su legislación con el fin de asegurar que cualquier programa de vigilancia de las comunicaciones privadas, atienda a principios de necesidad y proporcionalidad, de conformidad con el derecho internacional de los derechos humanos."

Carbonell[41] apunta de manera clara los principios orientadores que se deben respetar en internet para proteger la libertad de expresión: acceso, pluralismo, no discriminación, privacidad y neutralidad en la red. Los artículos 11 y 24 de la Convención Americana son precisos en cuanto al respeto que debe guardarse a la vida privada de las personas sin que haya injerencia indebida o arbitraria, lo cual alcanza a las comunicaciones digitales.

Pese a estos principios y normas interamericanas, países como Venezuela y Ecuador han atentado gravemente contra la libertad de expresión; el caso Granier y otros (Radio Caracas Televisión) vs. Venezuela resuelto por la Corte Interamericana de Derechos Humanos en 22 de junio de 2015 es un caso concreto y lastimoso de esa realidad.

---

[40] http://www.oas.org/es/cidh/expresion/docs/informes/anuales/ResumenEjecutivoIARELE2015.pdf
[41] http://www.miguelcarbonell.com/docencia/Libertad_de_Expresi_n_e_Internet.shtml

En el ámbito de las artes, el caso relativo a la película La última tentación de Cristo"
y su censura en Chile, resuelto por la CoIDH representa también, para los
respetuosos de la libertad de expresión, un triunfo insoslayable.[42]

c.- Estados Unidos de América

La libertad de expresión en ciberespacio es un reto[43] especial, para la Primera
Enmienda de la Constitución estadounidense. Desde los casos de Schnek v. United
States. 249 U.S. 47 (1919) al de Brandenburg v.Ohio 395 U.S: 444 (1969) hay una
distancia de 50 años, en que la doctrina de la libertad de expresión evolucionó para
bien de la democracia tan querida y sagrada para los estadounidenses; pero hoy la
realidad de la expresión de ideas rebasa las calles y los periódicos.[44] Actualmente
internet y redes sociales rebasan los criterios mencionados establecidos por el
Tribunal Supremo de Estados Unidos de América.

En efecto, la Primera Enmienda protege la libertad de expresión y la libertad de
prensa, frente a posibles actos legislativos que atenten contra las mismas, señala
Ragone[45] que el texto en cuestión "es insuficiente para ofrecer una configuración
exhaustiva de la libertad de expresión, con lo cual ha sido imprescindible la labor
de todos los formantes [operadores] del ordenamiento para construir su
significado: el jurisprudencial (gracias especialmente al Tribunal Supremo); el legal
(con la intervención del legislador, si la ha habido) y el doctrinal."

De estos tres operadores, a diferencia (abismal, del caso de México) existe
abundante material de estudio y numerosos casos resueltos tanto en tribunales de

---

[42] En mi particular gusto del cine, una película con un guion ofensivo a mis creencias.

[43] Sabrina Ragone. Libertad de comunicación y periodismo en el ciberespacio: el caso estadounidense", en El control de los cibermedios. Barcelona, Bosch, 2014, pág. 145.

[44] Owen Fiss. "Libertad de expresión y estructura social", en *Problemas contemporáneos de la libertad de expresión*. Carbonell, Miguel. (comp.). México, Porrúa-CNDH, 2004, pág. 18.

[45] Op. Cit., pag. 146.

circuito como en la Corte Suprema[46], y no se diga de la doctrina, que hace referencia a muchísimos estudios sobre la Primera Enmienda y sus aplicaciones en los medios de comunicación diversos, referiremos un caso que trae consigo luces sobre la situación que priva en internet, con relación al espinoso tema del contenido para menores de edad.

El primero, relativo a la protección de los menores del contenido indebido *on line*, Estados Unidos emitió una ley, la *Communications Decency Act*, que castiga con graves penas el empleo de computadoras para trasferir material obsceno o indecente y el envío de materiales evidentemente ofensivos de forma accesible a menores. Relata Ragone que el mismo día que se promulgó fue impugnada por la *American Civil Liberties Union* (ACLU), considerándola inconstitucional contraria a la Primera Enmienda.

A pesar de la importancia de la protección a menores sobre contenidos posiblemente dañinos, la Corte Suprema en el caso *Reno v. ACLU* la consideró limitativa y muy rígida de la libertad de expresión, tomando como base argumentativa la unidad de la red como medio de comunicación: "…que no puede ser equiparado a la radiotelevisión, en particular porque el usuario él tiene que buscar las informaciones del en internet y adoptar un comportamiento activo voluntario, pues internet no invade los hogares de los usuarios y no estaba caracterizado por la escasez. Al mismo tiempo, tampoco argumentó a favor de una total asimilación a la prensa escrita: los servicios ofrecidos por la red van más allá de las informaciones impresas en un periódico, incluso por los diferentes formatos que se pueden usar, tratándose de un medio polifacético en el que las reglas han cambiado."[47]

---

[46] El amplísimo tema de la pornografía (Hustler, Larry Flynt; lenguaje del odio (caso RVA v. City of St. Paul, 1992); quema de banderas (Texas v. Johnson, 1989), entre otros.
[47] Ragone, op. Cit., pág. 155.

d. Tribunal Europeo de Derechos Humanos

El caso del tribunal europeo de derechos humanos como garante de la protección a la libertad de expresión consagrada en el artículo diez del convenio europeo de derechos humanos es muy diferente al de la jurisprudencia norteamericana hubo los casos de la a comisión interamericana de derechos humanos porque en comparación a estos el tribunal europeo abarca con relación a la libertad de expresión e internet un considerable marco protectora con relación a varios rubros como son la protección de las fuentes periodísticas en los medios digitales, el uso de la información que gobierne de internet, la sanción desproporcionada de condenas por difamación en internet, léase responsabilidades del periodista en internet, la protección en internet el discurso de interés público para una sociedad democrática, gaceta la propiedad intelectual a a través de internet, protección de la vida privada y las publicaciones en internet, acceso libre a internet y sanción desproporcionada proveniente del bloqueo de sitios web y protección de menores frente al impacto de la comunicación en internet. Así lo destaca Nuria Saura[48] a quien seguimos en este segmento, reseñando únicamente aspectos muy precisos de la relación entre internet y la libertad de expresión.

Por ejemplo, la primera afirmación que compartimos plenamente es que el tribunal europeo, en un continente tan plural y heterogéneo ha elaborado la jurisprudencia amplísima que abarca no solamente una protección a la libertad de expresión en internet, sino que también atribuye obligaciones y deberes de los usuarios y de los periodistas, por cuanto que el ejercicio de esta libertad supone respeto a la vida privada y otros bienes tutelados por el artículo 10 del convenio europeo.

Nuria Saura[49] afirma que " en la construcción jurisprudencia la que ha realizado el

---

[48] "La protección de la libertad de expresión en internet: Análisis de la jurisprudencia del Tribunal Europea de derechos humanos", en *El control de los cibermedios*, Gavara de Cara, Juan Carlos et al. Barcelona, Bosch, 2014, pág. 190.

[49] Op.cit., pág. 191.

TEDH relativa a la protección y límites del artículo 10 del convenio europeo de derechos humanos… que por el potencial impacto y particularidades tecnológicas internet y cierre de los medios tradicionales de comunicación, por lo que existen particularidades derivadas de su potencial tecnológico… los principios generales de protección de la libertad de expresión y de información que ha establecido el tribunal así como los límites, deberes y responsabilidades que ello conlleva, también se aplican a las publicaciones y manifestaciones en internet. El Tribunal Europeo así lo ha manifestado explícitamente: el artículo 10del Convenio Europeo de la vocación de aplicarse a la comunicación por internet."

Con relación a la utilización de información proveniente de internet, el Tribunal Europeo de Derechos Humanos (TEDH), en su construcción jurisprudencial ha distinguido claramente que la prensa impresa y la prensa en internet tiene como rasgo diferencial la capacidad de almacenar y trasmitir información, por lo que no es posible que sea regulada y controlada igual. En el caso *Editorial Board of Prayove Delo and Shtekel v. Ukraine*, de junio de 2012, una de las líneas trazadas por el TEDH es que "… el TEDH reconoce la importancia de internet tanto para las actividades periodísticas como para el ejercicio de la libertad de expresión y aplica plenamente la protección y las garantías del artículo 10. Concretamente, respecto a la prensa digital, el TEDH un considera que la ausencia de un marco jurídico regulador del internet a nivel nacional, y permita utilizar la información de internet sin miedo a sanciones, puede minar la labor de los periodistas, al excluirlo de las garantías periodísticas derivadas la libertad de prensa.

Y otra línea interesante derivada de este mismo caso es que la libertad de información "…ampara también los medios de difusión de las informaciones. Concretamente, para el TEDH, internet es uno de los principales medios de ejercicio de la libertad de expresión puesto que permite tener las herramientas para la participación en el debate sobre las cuestiones de interés público."[50]

Sin lugar a dudas, un tema relevante en este contexto es el referido a los deberes y responsabilidades del periodista en internet, sobre todo porque la protección que marca el artículo 10 del Convenio Europeo o no ampara una libertad de expresión ilimitada a la prensa ya que la protección del artículo 10 está basada en los principios de un periodismo responsable[51]. *(Novaya Gazeta and Borodyanskly v. Russia*, de marzo de 2013).

Finalmente, otro tema candente es el de la libertad de expresión ejercida con exceso cuando se trata de publicar aspectos de la vida privada de personas tanto públicas como privadas. En efecto, internet es un instrumento muy peligroso cuando de publicar fotografías o artículos sobre personalidades, funcionarios del gobierno o artistas, actores y otros personajes que están expuestos, porque la ética periodística brilla por su ausencia.

Aunque la tendencia jurisprudencial mundial es que la libertad de expresión en internet al incorporarse publicaciones de este tipo, como fotografías y videos comprometedores, abarca cierta protección precisamente cuando el aludido es un personaje público, lo cierto es que el exceso en estas actividades puede desde luego dañar la vida privada, el honor y la intimidad de las personas. En el caso *Mosley v. United Kingdom*, reseñado por Nuria Saura[52]: "...El demandante había sido objeto de un artículo en el *News of the World* encabezado con fuertes titulares y en el cual se mostraban fotografías suyas participando en actividades sexuales, a las que se atribuía una naturaleza sadomasoquista y nazi, extraídas a partir de las imágenes de un video grabado sin su consentimiento. Esta noticia se acompañaba de un enlace a una página web en la que se podía ver este video editado a partir de las imágenes

---

[50] Saura, op. Cit., págs. 192-193.
[51] Saura, op. cit. Pág. 200.
[52] Op. Cit., p. 205

grabadas por uno de los participantes en las actividades sexuales, de forma secreta y previo pago. Este video en internet fue visto 1.4 millones de veces, en un solo día, la versión online fue visitada 400000 veces y la versión impresa del periódico tiene habitualmente unos 3 millones de copias. Los tribunales británicos, entendieron que se había producido una vulneración del derecho a la "privacy", que no había connotaciones nazis, y que no existía justificación alguna para la publicación de este artículo sobre su vida privada justo con las imágenes y condenaron por daños a una fuerte sanción económica al periódico."

En este caso el TEDH argumentó en el análisis planteado ante su jurisdicción "que la prensa sensacionalista y las noticias que recaen sobre la curiosidad en la vida privada ajena, no gozan de toda la protección que el artículo 10 confiere a la prensa[53]".

e.- Conclusiones sobre este tópico

Tal como se trazó en el protocolo de investigación del presente estudio, en definitiva, la última palabra respecto a la libertad de expresión, su protección y cualquier conflicto que tenga que ver con la vulneración de este derecho fundamental, la tienen los tribunales, ya sea en forma de cortes constitucionales o tribunales supranacionales.

Como pudimos apreciar, en el caso de México tanto la doctrina como la jurisprudencia relativa a la libertad de expresión en medios digitales es raquítica; en efecto, aun cuando vimos algunos casos pobremente resueltos por la Suprema Corte de Justicia de la Nación, como fue el relativo a la nula protección de la liberta de expresión en el amparo promovido por Sergio Witz, ampliamente comentado y criticado por los especialistas en la materia.

---

[53] Loc. Cit.

Si bien, esto ocurrió en la Novena Época de la Corte, ya en la Décima Época encontramos mayor apertura hacia la protección de los derechos humanos, sobre todo por las reformas a la constitución en el año 2011 en la que se dispuso principios de interpretación lo más favorable hacia los ciudadanos a quienes les fueron violados sus derechos fundamentales.

Panorama diferente se pudo apreciar en el caso del sistema interamericano y del TEDH, puesto que en ellos, dada la pluralidad y heterogeneidad de los destinatarios, se han suscitado cientos de casos sometidos a su conocimiento que proveen una doctrina jurisprudencial sólida y un camino más seguro de recorrer para la resolución de los conflictos que se seguirán presentando; es pertinente advertir, sobre todo en el caso de la jurisprudencia interamericana, que México debe observarla pues está obligada a ejercer el control convencional y es deseable que lo haga cuando se presenten problemas que deba resolver la Judicatura.

Merece mención aparte el *common law* que nos brinda el Tribunal Supremo Estadounidense, en cuanto a que la primera enmienda de la Constitución, tal como fue redactada, ha requerido abundantísima interpretación, desde su promulgación hasta la fecha. Como lo pudimos constatar al citar las palabras de Owen Fiss, ya que la redacción de la enmienda parece darle una libertad sin límites al discurso de las ideas y a la libertad de prensa.

Nos atrae con singular interés las líneas argumentativas del TEDH por lo que hace al periodismo responsable (*Responsible journalism*), porque aunque existen códigos de ética a los que deben sujetarse los periodistas (sea en prensa escrita, hablada o publicada en medios digitales) en la realidad no los cumplen y por eso son objeto de demandas por daño moral ante los tribunales. El caso más reciente de este deber ético de informar con la verdad y no difamar lo representa la periodista mexicana Carmen Aristegui, quien en estos días fue condenada a pagar una cantidad por daño moral al propietario de MVS al publicar en el prólogo de un libro mentiras sobre hechos y aspectos personales vinculados al demandante.

Por lo anterior se necesita que en México se adopten códigos de ética eficaces y criterios, no solo de apertura en el uso de los medios digitales sino también de una regulación que forme conciencia en todos los usuarios de dichos medios.

BIBILIOGRAFÍA:

1.- BIDART CAMPOS, Germán. *Teoría general de los derechos humanos*. Buenos Aires, Astrea, 1991.

2.- CARBONELL, Miguel (Coord.) *Argumentación jurídica. El juicio de ponderación y el principio de proporcionalidad*. México, Porrúa-UNAM, 2011.

3.- CARBONELL, Miguel. (Comp.) *Problemas Contemporáneos de la Libertad de Expresión*. México, Porrúa-CNDH, 2004.

4. GAVARA DE CARA, Juan Carlos et al. *El Control de los Cibermedios*. Barcelona, Bosch, 2014.

5.- GARCÍA RAMÍREZ, Sergio. *La Corte Interamericana de Derechos Humanos*. *México*, Porrúa, 2005.

6.- HAMELINK, Cees J. *La ética del ciberespacio*. México, Siglo XXI, 2015.

7.- SAAVEDRA ALESSANDRI, Pablo. *Impacto de las sentencias de la Corte Interamericana de Derechos Humanos*. México, Tirant lo Blanch, UNAM, 2015.

8.- VIGO, Rodolfo. *Los principios jurídicos*. Buenos Aires, De Palma, 2000.

7.- Casos emblemáticos: dilemas morales y derechos humanos

La exploración de cómo se encuentra actualmente el estado ideológico de la ética, amerita revisar exponente de dilemas morales, como, por ejemplo, Michael

Sandel[54], Peter Singer[55] y la exposición que Adela Cortina refiere sobre la ética contemporánea. Hemos elegido a estos tres filósofos y pensadores porque en su visión de la ética actual, coinciden, aunque con enfoques diferentes, en analizar, cuestionar y defender, los mismos dilemas morales y fenómenos culturales que envuelven a nuestra sociedad tocante a la moralidad. Los tres abordan desde la perspectiva utilitarista, hasta la problemática moral que desvelan las más agudas y controversiales situaciones que la ética debe ponderar:

En la filosofía política que expone Michael Sandel, se encuentran reflexiones acuciosas sobre diversos dilemas morales que plantean casos lindantes entre lo bueno y lo malo, lo justo y lo injusto y sobre todo, la percepción que en la sociedad actual se tiene acerca de la moral y las decisiones a tomar en cada uno de dichos casos.

De Aristóteles a Kant y Stuart Mill, Sandel explora lo que podemos llamar casos límite que se dan en muchos de los sectores de la sociedad, que en una enumeración rápida se refieren a la inmensa influencia que ejerce el utilitarismo bajo su principio siempre tan atractivo como el de la máxima felicidad y que conserva incólumes sus postulados en la economía y en la gestoría empresarial, principalmente. Los ejemplos de las situaciones límites que se observan bajo la lente del utilitarismo son inquietantes porque representan un verdadero dilema moral de tener que decidir si con cierta acción se causa el daño menor, o se alcanza mayor felicidad y placer y que, lo más preocupante, no respetan los derechos fundamentales: desde las peleas de gladiadores –que aun hoy se siguen desarrollando pero no como hace veinte siglos y son más sanguinarias todavía– , la justificación de la tortura, la valoración

---

[54] Michael Sandel es un filósofo norteamericano, profesor de la Universidad de Harvard y autor de varias obras sobre filosofía pública y ética.

[55] Peter Singer es un profesor australiano de Bioética en el *University Center for Human Values* de la Universidad de Princeton y Profesor Laureado del Centro para Filosofía Aplicada y Ética Pública de la Universidad de Melbourne, de la Universidad de Nueva York y autor de numerosas publicaciones sobre temas éticos contemporáneos.

monetaria de la vida humana, entre otros tópicos soportados por el utilitarismo y que desafían a la ética y los principios morales más elementales.

a.- Libertarismo

Una doctrina que, igual que el utilitarismo tiene constantes roces con la ética es el libertarismo, en el cual, según Sandel[56] sus defensores "son partidarios de que los mercados estén libres de toda atadura y se oponen a que los regule el Estado. Su doctrina central afirma que cada uno tiene un derecho fundamental a la libertad: el derecho a hacer lo que se quiera con las cosas que se posea con tal de que se respeten los derechos de otros a hacer lo mismo".

El libertarismo está profundamente arraigado en los Estados Unidos de América, ahí, están en contra del paternalismo estatal, de la regulación sobre la moral y leyes que impongan impuestos para la distribución de la riqueza. Para el libertarismo, no es justificable que se subsidie la ayuda sanitaria, de vivienda o de educación y considera que si el Estado costea programas sociales está robando a la población acomodada; la seguridad social, el salario mínimo son ejemplos preclaros de esta postura libertaria. La base del libertarismo es el individualismo egoísta al máximo. Otros supuestos externos de este libertarismo son el suicidio asistido (y la eutanasia, de la que se hablará más adelante) y el de madres sustitutas y embarazo subrogado.

Sin duda, en todos estos casos el trasfondo moral sale a relucir: en la tortura ¿está justificado torturar a una persona para salvar a cientos o aún a miles de individuos? Aun cuando se esgrima el argumento de que el número importa mucho ya que, al sacrificar a una vida por salvar a cientos de personas, la ética está presente o se supone que debe estar presente en la toma de decisiones de este nivel; evidentemente no tenemos casos así de manera cotidiana, pero ¿sería ético? ¿Sería

---

[56] Op. cit., pág. 73.

correcto quitarle la vida a una persona humana, aunque se salvaran muchas más? El dilema de siempre: sacrificar a uno para salvar a cien…

Habiendo tanta pobreza en el mundo, el estado moderno ha propiciado programas "sociales" que en la práctica se convierten en acciones políticas convenencieras, oportunistas y con miras a forjar una clientela electoral segura, tomando dinero de los impuestos de quienes sí producen, para darlos (regalarlos) en forma de "ayudas", "apoyos" o "becas" a jóvenes sin empleo pero que tampoco estudian, a personas de la tercera edad, madres solteras y créditos supuestamente baratos a tasas muy bajas para adquisición de viviendas y vales de comida, entre otras estrategias del mismo tipo.

Tales acciones, acorde al libertarismo y utilitarismo, son injustificadas porque sacrifican el bienestar, la libertad de disposición de los recursos de quienes lo generan. La acción implica "apoyar" a grupos vulnerables de la sociedad, pero los medios económicos empleados son generados por sectores de la misma sociedad con capacidad contributiva que dejan de percibir su parte en servicios públicos y seguridad citadina. ¿sería inmoral regresar al absoluto "laissez faire" del siglo XIX y dejar abandonada a tanta población de escasos recursos o en alto grado de pobreza?

De lo anterior podemos derivar justamente una problemática muy aguda que afecta a la sociedad completa, cual es retornar a los principios de la filosofía moral a fin de resolverla con visión ética y equitativa.

Sandel, al igual que los demás filósofos modernos exploran también la complicada situación que representan el aborto, el uso de células madre, el matrimonio entre personas del mismo sexo y la adopción de niños por otras parejas, además de la reivindicación de derechos por grupos o colectivos homosexuales, LGBTQ que en su activismo han llegado a los más altos organismos mundiales e impuesto una ideología que en ciertos países aún tradicionalistas no es aceptada.

En el transcurso de varios lustros, no muchos, los problemas morales más agudos son abordados desde diversos ángulos, en una postura liberal o en una posición conservadora, que han dado origen a legislar sobre ellos, prohibiendo los actos en cuestión o permitiéndolos con regulación "neutral", sin posicionamientos éticos ni filosóficos: nos referiremos únicamente a tres asuntos de manera muy breve pero que son tópicos que consideramos de importancia para que el legislador tome conciencia de su debida regulación: tortura, eutanasia y derecho de los animales.

Con relación a la tortura, Sandel cuestiona la postura de los utilitaristas ante la justificación de la tortura. Refiere que ante situaciones de "emergencia" como un posible ataque terrorista, la tortura dentro del interrogatorio del presunto terrorista, la justificación recae en la afirmación de que si bien se hace uso de la tortura para conocer la ubicación de la bomba.

La tortura causa dolor en el sospechoso, lo que reduce mucho su felicidad o goce, pero miles de vidas podrían perderse si estalla la bomba. Por lo tanto, con un argumento utilitarista, podría fundamentarse que está moralmente justificado infligir un dolor intenso a una persona que podría evitar muchas muertes. El eterno dilema: sacrificar a uno para salvar a miles…

"*No quiere decir que los utilitaristas hayan de ser necesariamente partidarios de la tortura. Algunos se oponen a la tortura por razones prácticas, sostienen que rara vez funciona, pues la información sonsacada coactivamente no suele ser de fiar. Por lo tanto, se causa dolor, pero la comunidad no está más segura por ella: no aumenta la utilidad colectiva.*"[57]

"No aseveran que torturar a un ser humano esté intrínsecamente mal, sino solo que practicar la tortura, tendrá consecuencias indeseadas que, en conjunto, harán más mal que bien"[58]

[57] Op. Cit., pág. 50.
[58] Ibidem.

De lo anterior se desprende que, desde el punto de vista estrictamente ético, no debe permitirse la tortura en ninguna situación, mucho menos por parte de las autoridades gubernamentales y de ningún tipo, ya que se violan los derechos humanos. Si se desea llegar a un mejor desenlace, es mejor diseñar estrategias de seguridad que no violen los derechos humanos, hasta que se esclarezca la realidad de la situación.

b.- Eutanasia

Respecto a la eutanasia, Peter Singer afirma brevemente, que la eutanasia es: *"una muerte suave y sin sufrimiento"*.[59]

En términos generales, hay tres tipos diferentes de eutanasia; la eutanasia voluntaria, la eutanasia involuntaria y la eutanasia no voluntaria.

En la primera, vemos una persona que aún tiene la capacidad de realizar por escrito una petición de que en caso de sufrir un accidente, una enfermedad terminal, cáncer o que pierda las facultades mentales, este tenga acceso al uso de la eutanasia.

En la segunda, se tratan casos médicos especiales, en los que el sufrimiento es tal, que al paciente se le imposibilita tener una vida digna y libre de dolor; en estos casos, se debe tomar una decisión por los familiares (estos normalmente tienen una opinión compartida con los médicos tratantes) de terminar con el sufrimiento y el dolor del paciente.

"Matar a alguien que no ha dado su consentimiento para morir, solamente se podrá considerar como eutanasia cuando el motivo para matar, es el deseo de que acabe un sufrimiento insoportable para la persona que va a morir". [60]

En la eutanasia no voluntaria, la situación es distinta, aquí se tratan los casos de pacientes con enfermedades incurables, recién nacidos con graves discapacidades,

---

[59] *Ética práctica*, Madrid, Ediciones Akal, 2009, pág. 179
[60] Singer, op. cit.", pág. 183

personas que sufrieron un terrible accidente y personas de la tercera edad con demencia avanzada. La característica principal de este tercer grupo es, que han perdido la capacidad de elegir, entre la vida y la muerte.

Las ideas del autor tienen bases utilitaristas, cuando menciona el reemplazo de un ser humano enfermo por otro no enfermo (en los casos de los recién nacidos con graves discapacidades) aludiendo a que la pareja tenga la oportunidad y deseo de crear un nuevo ser humano.

Parte de la justificación de la eutanasia voluntaria, es que el individuo con una enfermedad incurable tenga acceso a su muerte porque ha renunciado a su derecho a la vida, si tenemos derecho a la vida ¿por qué no tenemos derecho a la muerte?

El autor también menciona buenas razones para la existencia de esta práctica, entre ellas se encuentra el respeto a las preferencias y a la autonomía del ser humano. ¿Tenemos el derecho a morir bien?

¿Y en la realidad qué sucede?

La voluntad anticipada ha sido aprobada en la capital del país; se ha intentado permitir la eutanasia en la constitución de la propia ciudad de México y, sin embargo, la práctica de la eutanasia se ha llevado a cabo mucho antes de esta legislación.

En los hospitales públicos de México se ha practicado una eutanasia casi "incidental", es decir, que por "máximo beneficio" se realiza un proceso del bien morir, esto no por decisión del paciente por supuesto, sino por una falta de infraestructura, un desabasto de los medicamentos y por el aumento y la exacerbada demanda de los servicios de salud pública (gracias a la sobrepoblación). Razones que han orillado a los profesionales de la salud a recurrir a esta práctica en silencio. Si se despolitizara a la salud pública, se invertiría asertivamente y probablemente se podría ofrecer mejores servicios de salud que incluyeran al bien morir. *c.- Derechos de los animales*

Con relación a los derechos de los animales, Singer es un exponente pionero del tema, y a primera vista evidentemente no se trata de justificar que un animal tenga derechos igual que un ser humano, sino de abordar la moralidad de la acción que implica matar a un animal, aun cuando esté destinado a la alimentación del hombre. El autor considera que el principio fundamental de la igualdad entre los seres vivos descansa en el principio de igual consideración de intereses; un principio moral básico que deriva de una base moral sólida que debe de haber entre las distintas especies, entre los que están los humanos y los animales no humanos.

El principio de consideración de intereses implica que nuestra preocupación por los demás, no dependa del cómo son o de las capacidades que posean, es decir, el hecho de que personas u otros seres vivos no sean de nuestra misma raza no significa que debamos omitir sus intereses o que debamos explotarlos.

La base de estas ideas, recaen en la filosofía de Jeremy Bentham, padre del utilitarismo moderno, quien refiere que una característica vital que otorga a un ser, derecho de igualdad, es la capacidad de sufrimiento o de goce. Esta característica deriva en intereses de cualquier tipo.

Si un ser sufre, no puede existir ningún tipo de justificación moral para rechazar que ese sufrimiento sea tenido en cuenta.

En determinadas situaciones, un miembro de una especie sufrirá más que el miembro de otra especie. En este caso se aplica el principio de igual consideración de intereses, pero el resultado de hacerlo será, el dar prioridad a aliviar el sufrimiento mayor.

Defiende que, con base en este principio, los animales no debes ser utilizados para experimentación científica, ya que las pruebas en ellos, infringe tortura y dolor.

El autor también menciona que "los ciudadanos de sociedades industrializadas pueden acceder a una dieta adecuada fácilmente, sin recurrir a la carne de los animales. Las investigaciones médicas indican abrumadoramente que la carne de los animales no es necesaria para tener una buena salud o aumentar la longevidad. La producción animal en las sociedades industrializadas tampoco resulta un método eficaz para producir alimentos, ya que la mayoría de los animales que consumimos son engordados con cereales y otros alimentos que se podrían comer directamente."[61]

Pero ¿se puede terminar con la hambruna mundial? Si se les da de comer a los humanos, la comida excesiva que les dan a los animales, sí. Y no se necesita matar con sufrimiento y tortura a dichos animales. ¿Acaso las sociedades industrializadas son tan inhumanas y mecanizadas, que se lucra con el sufrimiento y muerte de los animales para el goce de escasos individuos, ya que la mayoría de los seres humanos en todo el mundo no puede pagar el alto costo de la carne de los animales?

La visión del autor sobre este tema es muy clara: Todo aquel que tiene la capacidad de gozar y sufrir, debe considerarse como un sujeto de derecho, aunque éste no sea humano.

Los "derechos" de los animales (si se les puede llamar derechos) no han tenido un gran avance porque la industria agroalimentaria es un obstáculo, y también que, en el mundo farmacéutico y científico hacen uso de estos posibles sujetos de derecho (animales) y que recurren a su explotación para que estos sectores industriales sigan construyendo su imperio.

d.- El abuso en el ejercicio de los derechos

---

[61] Singer, op. cit., pág. 72.

El año 2012 puede ser considerado en nuestro país como el "año de los derechos humanos", pues hubo atención hacia ellos como nunca antes, por parte de legisladores, del poder ejecutivo, del poder judicial, de los organismos no gubernamentales, de académicos y universidades, en fin, que se ha procurado hacer conciencia de la necesaria protección a los derechos humanos y la vigilancia de todos esos sectores para que se cumplan y respeten. Hubo reformas constitucionales y legales que tienden justamente a ese objetivo. Se han dictado sentencias que favorecen su protección y restauración. En suma se puede afirmar que los derechos humanos tienen una mejor perspectiva en el futuro para su cumplimiento cabal.

Pero al lado de estos esfuerzos, en esta sociedad liberal ha surgido una aparente y desmedida sed de exigencia de derechos de todo tipo; una muestra sencilla de estos reclamos lo constituyen sin lugar a dudas la presencia en las calles y plazas públicas, de grupos de personas que, so pretexto de hacer cumplir un derecho preexistente o exigir que se les otorguen más derechos, cierran o bloquean las calles y avenidas y "toman" las oficinas o sitios públicos, y aun privados, amedrentando a la autoridad para que "sus derechos" sean cumplidos, entregados, reconocidos o reglamentados. Hay un anuncio en la radio que se escucha continuamente en la que varias voces repiten: "tengo derecho a ….tal cosa, tengo derecho a esto otro…" ¿Qué se debe entender por "tener derecho"?

Recientemente dos ejemplos de supuestos reclamos de derechos en que se violaron leyes, reglamentos cívicos y se cometieron delitos y ataques a la paz pública fueron el "movimiento" normalista en Michoacán, y los acontecimientos del primero de diciembre de 2012 en el centro histórico de la ciudad de México. En ambos casos, hemos sido testigos de que tal tipo de acciones no han ameritado castigos severos pese a la gravedad de los hechos, incluso en uno de ellos se dio una reforma a un tipo penal para que los implicados alcanzaran derecho a fianza no obstante la seriedad de los cargos. Lógicamente ello implica debilitar la norma jurídica que protege a la sociedad de los ataques a la paz pública.

Otro ejemplo de abuso de derechos, con consecuencias sumamente trágicas, lo podemos ver en el vecino país del norte, en donde la segunda enmienda constitucional[62] permite la posesión libre de armas, lo que ha ocasionado numerosos tiroteos en cines, escuelas, centros comerciales, con varias decenas de personas muertas y heridas, desde que se comenzó a efectuar el conteo de estos acontecimientos. El más reciente suceso, acaecido en Newtown, Connecticut, en diciembre de 2012 causó la muerte de 20 pequeños que estaban en su escuela estudiando, lo que originó un clamor generalizado de control de las armas, ahora sí, aunque con reservas, pues el derecho a poseer armas en Estados Unidos de América es un derecho casi "sagrado" y limitarlo, implicaría para la forma de pensar de dicha sociedad, una regresión y un intervencionismo estatal indebido, no se diga los intereses económicos que hay en el negocio de las armas y que pueden resultar afectados. La poderosa Asociación Nacional del Rifle en dicha nación cabildea fuerte para evitar el control de las armas. Estos eventos nos traen a la memoria aquella película del año 2003 intitulada "Tribunal en fuga", (en inglés, "*Runaway jury*", de la novela de John Grisham) cuyo argumento se basa precisamente en la necesidad de limitar el derecho a poseer armas debido a que en dicho país ocurren frecuentemente tiroteos en que algún lunático irrumpe en una sala de cine o en una escuela y comienza a disparar a diestra y siniestra matando e hiriendo a quienes ahí se encuentran. En el cierre de argumentos del juicio que se ventila, el abogado de la parte demandante, cuyo esposo fue víctima de un tiroteo con un arma vendida por la empresa demandada, dirigiéndose al jurado, afirma de manera vehemente: "…y habrá más y más muertos. Eso no terminará hasta que

---

[62] "Siendo necesaria una milicia bien ordenada para la seguridad de un Estado libre, el derecho del Pueblo a portar y poseer armas no será infringido".

exijamos un cambio… el jefe ejecutivo de 'Armas de Fuego Vicksburg' dijo que lo que hacemos con sus pistolas no es problema suyo. Pero con el veredicto ustedes pueden convertirlo en su problema. Podrían hacer que por primera vez la violencia provocada por las armas de fuego fuera problema de la industria de armas de fuego. Si lo hacen verán menos muertes sin sentido." Esa admonición contenida en una novela y en un guion cinematográfico de hace 10 años hoy se repite: ¿cuántos muertos más espera EUA lamentar hasta que ponga un freno a un derecho fundamental que por su ejercicio indebido se cometen más injusticias? Anteriormente, en 2002, Michael Moore en su documental, premiado con el Oscar, *Bowling for Columbine*, refiere la masacre ocurrida en el *Columbine High School* en 1999, en que dos adolescentes irrumpieron en la biblioteca y la cafetería del plantel matando a 13 personas e hiriendo a 24. Hasta antes del suceso de Connecticut el mes de diciembre de 2012, se consideraba el tiroteo más sangriento registrado en los Estados Unidos desde 1927. Pero el tiroteo de Las Vegas superó los anteriores atentados con armas contra civiles, ya que en 1° de octubre de 2017 un sujeto disparó armas automáticas contra un grupo de personas en un festival de música resultando 59 fallecidos y más de 800 personas heridas; el año anterior, en 12 de junio de 2016 en una discoteca de Orlando, hubo un tiroteo que dejó a 50 personas fallecidas y 53 heridas.

Un ejemplo bizarro que podemos citar como excesivo, lo constituye la noticia dada a conocer por el estado norteamericano de California, en donde las autoridades han prohibido el nudismo en las calles de San Francisco, una práctica que se había popularizado en esa ciudad sobre todo en barrios gays. Por esa medida, una abogada ha planteado una demanda contra esa ordenanza porque considera que se infringe el derecho de "la libertad de expresión" de los nudistas. Lógicamente este suceso mueve a reflexión; el nudismo, ¿es una forma de expresarse? Quizás en las bellas artes sea posible, pero creemos que es otro ejemplo más de exigencias de derechos de dudosa legitimidad.

En un contraste de sistemas jurídicos, mexicano y estadounidense, que no deja de asombrar es, por ejemplo, el caso de los migrantes indocumentados. En México ya se han dictado medidas para su protección, tienen derechos y son sujetos que requieren apoyo en su tránsito a otros países. Es claro que en nuestro país los migrantes, especialmente centroamericanos, han sido víctimas tanto de autoridades abusivas como de bandas de delincuentes. Sin embargo, en Estados Unidos de América el derecho humano del migrante indocumentado es todo lo contrario a lo que aquí se ha regulado: allá se le considera, como indocumentado, un criminal, motivo por el que no tiene derecho a un trato digno de ser arrestado y sometido posteriormente a una deportación; mientras esto último se da, el migrante indocumentado es maltratado, torturado, golpeado, mal alimentado, etcétera. El que logra sobrevivir en las ciudades o en el campo en dicho país tampoco tiene derecho a educación, servicios de salud, salario digno, ya que el indocumentado, se reitera, es criminalizado. Pero en México ser migrante indocumentado no es considerado un crimen y como persona, tiene derechos humanos. El estadounidense medio no puede, debido a su conciencia utilitarista, pensar que el migrante indocumentado es persona y merezca unos derechos mínimos, porque sabe que los recursos que tienen que emplearse para ello provienen de su contribución fiscal al Estado, y de que el migrante le puede quitar oportunidades de empleo, de ahí su oposición a que sean tratados con igualdad respecto a su propia posición social y política.

Un caso que también mueve a reflexión es el derecho a consumir marihuana, que algunas localidades del vecino país del norte ha permitido ejercer; en Denver, Colorado, por ejemplo, hay ya clubes de fumadores de marihuana. En contraste, México ha librado durante varios años una guerra al narcotráfico que ha costado miles de vidas. ¿Es legítimo ese derecho a consumir drogas, cuyos usuarios evidentemente la deben conseguir en algún lugar, mientras otros muchos mueren por impedir esa actividad que a la postre crea gravísimos problemas de salud pública y seguridad ciudadana?

En otras partes del mundo se han suscitado casos en los que la persona, afectada por una enfermedad terminal que lo postra en un estado grave o que lo coloca en un estado vegetativo, él o sus parientes solicitan a los tribunales que se les permita no continuar con tratamientos o desconectar los aparatos que los mantienen con vida, argumentando un derecho a morir dignamente. En estricto sentido, ¿se está solicitando se legitime el derecho a suicidarse?

Hay muchos ejemplos más de sucesos en los que se enarbolan "derechos humanos" para que la autoridad no persiga delitos o inicie averiguaciones o aplique la ley. Y estos casos son precisamente los que nos mueven a reflexión y análisis, por saber hasta dónde hay límites al ejercicio de los derechos fundamentales. Lo que no se ve o aprecia a primera vista es que tener derecho a algo implica tener un justo título, y cerrar calles, incendiar autobuses o "tomar" instalaciones ciertamente no son los procedimientos legales para remover los obstáculos que les impiden a ciertos grupos ejercer "sus derechos". Aunque quizá se aprecie algo escandaloso, este tipo de situaciones se acerca a la anarquía.

Precisamente por este tipo de acontecimientos que reflejan exceso o abuso en el ejercicio de derechos o que se buscan proteger aparentes derechos, es por lo que deseamos resaltar algo que no se le da mayor atención, al elemental cumplimiento de los deberes y obligaciones del ciudadano. En efecto, la visión de excesivo garantismo evita o impide ver que además de los derechos existen obligaciones, que son precisamente el otro lado de la moneda que permite el equilibrio y la convivencia pacífica. El cumplimiento de las obligaciones especiales con la familia, con los conciudadanos, en suma, las obligaciones que emanan de la solidaridad social, las obligaciones previstas en la constitución y en las leyes. Se le da tanto espacio al ejercicio y respeto de los derechos que poco se asoma al cumplimiento de los deberes más elementales, incluyendo los reglamentos cívicos, de tránsito y bandos municipales.

Cuando alguien deja de respetar el semáforo en el crucero, ya está fomentando con su ejemplo, no solo a los demás ciudadanos, sino lo que es peor, a sus propios hijos, que la conducta de pasarse el alto no es tan grave, que no lo van a detener los agentes de tránsito, y que, en general, "no pasa nada". De ahí se sigue que tales personas entren a calles en sentido contrario, no respeten los pasos peatonales y de discapacitados, se "cuele" en las filas y a continuación busque no cumplir con otros deberes básicos, como pagar impuestos y afrontar sus compromisos voluntarios. Y como todo ello está a la vista de los propios hijos, éstos harán exactamente lo mismo en el futuro.

Los bloqueos de calles, plantones y marchas son también ejemplares: la mayoría de tales prácticas son toleradas y hasta tienen protección policial. Dado que con esta actividad muchos grupos han conseguido presionar y lograr con éxito sus cometidos, la práctica en cuestión es ya un sinónimo de ejercicio de un derecho, y sin embargo, no se alcanza a apreciar la gravedad de los derechos y libertades que se lesionan con tales medidas, a la ciudadanía en general: libertad de tránsito, de comercio, de trabajo, resultan vulneradas al paso de tales marchas.

Esperamos que, con la llegada de un año nuevo y de renovación en los órganos ejecutivo y legislativo, se acuda a una política que efectivamente busque se respeten los derechos de todos, y no solo de unas cuantas minorías, que exista prevención y concientización en la sociedad de que el ejercicio de los derechos implica también el cumplimiento de los deberes elementales hacia los demás.

e.- *La lexicología jurídica y la deformación del lenguaje*

De unos pocos años a la fecha, se ha venido deformando el lenguaje, particularmente el especializado y el dedicado a instituciones jurídicas; este fenómeno proviene de los medios de comunicación, de algunas autoridades, comunicadores, locutores y aún de académicos. Se ha afirmado en las estadísticas que el mexicano no lee más de un libro al año, lo que explica el bajo perfil de conocimientos y cultura en un alto número de la población, motivo por el cual no es al menos notoria para una buena porción de la población tal deformación; pero cuando ese lector acude a los periódicos y escucha noticieros de la radio y la televisión sobre los acontecimientos nacionales e internacionales, en realidad lo que ocurre es que algunas veces se mal informa pues en ellos se están utilizando en forma errónea ciertos términos legales, cambiando o deformando el significado de palabras y deformando verbos que no admiten quebranto alguno de acuerdo a las reglas elementales de la lengua española.

Hemos seleccionado algunos vocablos procedentes de esta práctica, tan frecuente que muchos la han adoptado como algo natural, lo cual es peligroso porque la lengua española está sujeta a reglas, y, desgraciadamente, el poco respeto o la falta de cultura de la legalidad se ha extendido a la falta de cumplimiento a las reglas de gramática y lexicología elementales. Se presentan también palabras que antes no se empleaban, pero ahora son parte natural de los discursos jurídicos y políticos, que mucha gente no entiende mas para esos oradores lógicamente les hace quedar como "muy ilustrados":

Visibilizar: el verbo, aceptado ya por la Real Academia Española de la Lengua (RAE), choca un poco con el modo conservador de hablar y escribir con que muchos fuimos instruidos y educados, y aunque se perciba fonéticamente mal, existe y se usa, para "visibilizar" más determinado fenómeno en un contexto determinado, pudiendo decir tal vez, en lugar de ese verbo poco común, "para hacer más visible" una noción o alguna figura en especial, o empleando expresiones semejantes... lo cierto es que se "oye" mal.

Estereotipo: para quienes no están familiarizados con el vocablo, la palabra les evoca la idea de un aparato estereofónico o "estéreo", sin embargo, el estereotipo es una expresión que se emplea para señalar la imagen que la sociedad tiene de algo o alguien. Pero, además, la palabra está siendo usada en exceso para "etiquetar" actitudes, formas de ser y costumbres.

Paradigma: para muchos que no saben tanto del español les suena a "enigma" y en eso se quedan... sin embargo, cada vez más es empleado el vocablo para hacer alusión a un modelo o un ejemplo o ejemplar, como lo establece la RAE.

"...se amparó": frecuentemente vemos en los periódicos que determinado personaje, acusado o señalado para ser aprehendido, publica la noticia de que "fulano de tal se amparó", con lo cual la nota da a entender, sobre todo a los que no conocen de esta figura, que los tribunales (no importa al ciudadano común discernir si son federales) le dieron el amparo para que no lo detengan, o que no le van a hacer nada o que en general quedará impune, cuando lo más probable del caso es que el "fulano de tal" solicitó el amparo y lo que el juez de Distrito competente dictó, fue una suspensión provisional, quedando pendiente el fondo del amparo. Asunto éste último que lógicamente ni le interesa al lector de periódicos ni profundizará más.

"...eso es pura retórica..." es una expresión muy desafortunada que no solamente emplean los medios de comunicación sino aún académicos, para dar a entender que lo que se está diciendo es palabrería y/o discursos sin sentido. Esto no puede ser más desacertado, en menoscabo de la retórica, pues ésta es, en realidad, "el arte de elaborar discursos gramaticalmente correctos y persuasivos". Como bien apunta Gerardo Dehesa (*Introducción a la retórica y la argumentación*, México, SCJN, 2004,

págs. 21,36,49.) a la retórica se le sigue asociando como "vana palabrería", "sofisterías" o idea de inutilidad y ampulosidad. Más todavía, la retórica esta fundamentada en la lógica de manera que sería incongruente seguir pensando que la retórica sería solo un modo de hablar con mentiras y muchas palabras.

"...avala" o *"... la Suprema Corte avala..."* en la mayor parte de las noticias que traen este verbo al inicio, se trata por lo general de reseñas en las que alguna autoridad u órgano competente interpuso acción de inconstitucionalidad o controversia constitucional en que la Suprema Corte de Justicia concluye que la sentencia para calificar el acto o la norma impugnados, no reúne ocho votos de los Ministros para declararlos inconstitucionales, sin pronunciarse sobre el fondo de la norma. Pero la nota así redactada, da a entender que la Corte aprueba o "avala" tales actos sin que realmente se haya resuelto así en la sentencia respectiva.

"Infraccionar": sin duda, es un verbo inventado por los automovilistas y adoptado por las autoridades, (también lo hemos visto en notas de periódico con mucha frecuencia), para dar a entender que el automovilista o conductor de un vehículo será sujeto de la aplicación de una sanción económica de acuerdo al reglamento de tránsito metropolitano, en otras palabras, que infraccionar equivaldría a sancionar, sin embargo, el verbo cuestionado no existe y, en segundo lugar, el verbo correcto que deberían emplear conductores y autoridades de tránsito así como los comunicadores, es sancionar o multar...

"Levánteme la infracción": relacionada con la anterior, interpretada literalmente, significaría solicitar a la autoridad que no aplique la sanción, no obstante, es realmente la expresión de defensa que emplea el automovilista o conductor de algún vehículo cuando el policía le informa que ha violado el reglamento de tránsito, y el conductor acepta tal violación pero no desea discutir con el policía.

"A vuelta de rueda": una expresión muy utilizada en los reportes viales de la radio, para informar que en una avenida o calle los vehículos "van a vuelta de rueda", cuyo primer significado captamos de que los autos van muy despacio. Sin embargo, bien pensado, todos los vehículos 'van a vuelta de rueda', porque las ruedas descansan en los neumáticos que soportan el peso del vehículo y ruedan por las calles, ya que salvo en comunidades pequeñas en que todavía se utiliza la tracción animal, en las ciudades todos los vehículos tienen ruedas y van 'a vuelta de rueda...'

"...se violentaron sus derechos": generalmente esta expresión se está usando para informar que a alguien le han sido violados sus derechos, pero la verdad es que "violentar" tiene varios significados que, de acuerdo al diccionario de la lengua, no guardan vinculación con la acción que se quiere calificar, a saber, una infracción a una norma o a un derecho. Para mejor ilustración, transcribimos los significados que el diccionario de la Real Academia Española de la lengua atribuye a ambos verbos:

Violentar.

1. tr. Aplicar medios violentos a cosas o personas para vencer su resistencia.

2. tr. Dar interpretación o sentido violento a lo dicho o escrito.

3. tr. Entrar en una casa u otra parte contra la voluntad de su dueño.

4. tr. Poner a alguien en una situación violenta o hacer que se moleste o enoje. U. t. c. prnl.

5. prnl. Dicho de una persona: Vencer su repugnancia a hacer algo.

Violar.

1. tr. Infringir o quebrantar una ley, un tratado, un precepto, una promesa, etc.

2. tr. Tener acceso carnal con alguien en contra de su voluntad o cuando se halla privado de sentido o discernimiento.

3. tr. Profanar un lugar sagrado, ejecutando en él ciertos actos determinados por el derecho canónico.

4. tr. Ajar o deslucir algo.

Como se puede apreciar, 'violentar' trae consigo la connotación de una acción que se ejerce con violencia, fuerza; en cambio 'violar', para el significado que en primer término se quiere atribuir a la transgresión de una norma, no implica necesariamente la aplicación de fuerza física (salvo en la violación propiamente dicha como delito en contra de la libertad sexual de las personas). Otra opción para no emplear el verbo "violentar" sería 'transgredir'.

"…corrieron a los trabajadores". Esta expresión se emplea desde hace mucho más tiempo que las otras arriba ilustradas, para dar a entender que a algunas personas las despidieron de su trabajo o, dicho de manera correcta, les fue rescindido su contrato de trabajo, con o sin causa justificada; la verdad es que "se corren" las cortinas o los maratones, pero en la legislación del trabajo no está previsto que se "corra" a los trabajadores…

"…se ajustaron los precios", es una expresión que se usa para anunciar alguna medida económica, para no espantar a la sociedad, pero que en realidad quiere decir que los precios aumentaron…

Seguiremos reuniendo expresiones inusuales como las anteriores y las presentaremos en otra ocasión; con estas muestras queda constancia que la deformación del lenguaje es grave y lo que es más preocupante, en el lenguaje especializado, particularmente el español jurídico.

f.- La discriminación y El caso Eweida y otros v. United Kingdom

f.1. Generalidades sobre la discriminación

La "discriminación", en la actualidad, es considerada moralmente reprobable; sin embargo, en la vida cotidiana todo el tiempo estamos discriminando, a veces de manera automática y sin razonamiento previo, pues el vocablo "discriminar" implica la acción de distinguir una cosa de otra, es decir, estamos discriminando para diferenciar cosas, personas o en general gustos y preferencias, sin que necesariamente nuestra acción contenga un juicio valorativo negativo, que es como se le concibe generalmente. En este sentido, prohibir la discriminación es irrelevante; la prohibición jurídicamente relevante de discriminar está enfocada, evidentemente, a aquella acción que contempla la existencia de prejuicios morales absolutos, en que se otorga un valor moral inferior al ser humano. Esa es la discriminación no justificable[63].

Si usted quiere montar la ópera '*La Traviata*' elegirá de entre las sopranos disponibles a una mujer lo más delgada y joven posible y de aspecto frágil, sin que esta opción signifique que está "discriminando" (haciendo a un lado, 'menospreciando' o descalificando) a otras sopranos con mayor peso corporal o edad, ya que el personaje principal es joven, tiene tuberculosis y muere de esa enfermedad de acuerdo al libreto. La elección ejercida no está contemplando una discriminación negativa o injustificable ni resta méritos a las demás cantantes. El timbre de voz obviamente también cuenta. La base de la distinción es razonable y objetiva.[64] O en el casting de la ópera *Ótelo* se requiere, de preferencia, un tenor con tez muy morena, pues el personaje es un moro, acorde al drama de Shakespeare[65] lo que puede ser problemático por cuanto no existen muchos tenores con ese color de piel, y se ha optado por maquillar a un tenor blanco, …pero si hubiera varios tenores con los rasgos exigidos originalmente, pensaríamos que los demás cantantes con tez blanca no se sentirían "discriminados" en el sentido negativo del término.

---

[63] Cfr. "¿Qué hay de malo en la discriminación?". Angel Puyol González. Revista Doxa Núm. 29 de la Universidad de Alicante, Marcial Pons, Alicante, 2006, págs. 77-83.

[64] En los 'castings' o 'audiciones' el objetivo es buscar el candidato idóneo para una obra de teatro, ópera, película, programa de televisión, etc. Claramente se lleva a cabo una acción discriminatoria que en algunos casos podría ser negativa. Pero en el ejemplo mostrado la labor de distinción es razonable.

[65] *Otelo, el moro de Venecia*, es un drama de Shakespeare que tanto Rossini como Verdi la hicieron ópera, de las más representadas entre las clásicas; recomendamos ampliamente la versión en *DVD* que dirigió Franco Zeffirelli y protagonizada por Plácido Domingo, Katia Ricciarelli y Justino Díaz.

Si usted eligió ser católico, o cristiano, o musulmán, no necesariamente está discriminando de forma irracional e intolerante las otras religiones, pues está ejerciendo su libertad de creencia, con la que usted está conforme, 'a gusto' o es más feliz. En este sentido, la religión y otros rasgos tales como el sexo, la etnia, el origen geográfico, las minusvalías, la pertenencia a cierta clase socio-económica o colectivo, son candidatos más cercanos a ser estereotipados y por tanto a que los individuos con dichos estereotipos sean discriminados en sentido negativo o injustificado, o sea, moralmente reprobable[66]. El catálogo de rasgos es más amplio según el artículo 1° Constitucional, que "prohíbe toda discriminación motivada por origen étnico o nacional, el género, la edad, las discapacidades, la condición social, las condiciones de salud, la religión, las opiniones, las preferencias sexuales, el estado civil o cualquier otra que atente contra la dignidad humana y tenga por objeto anular o menoscabar los derechos y libertades de las personas".

Hay líneas muy delgadas en que se entremezclan esos criterios: por ejemplo, piénsese en un pasajero con turbante y un latino con piel morena: casi con certeza, estas personas serán elegidas —en realidad no tan al azar— para ser revisadas exhaustivamente en un aeropuerto estadounidense, pero en nuestro país tal vez no se haga tal discriminación tan acentuada.

Todo lo anterior lo hemos querido exponer como introducción para dar una mirada, a propósito de la discriminación y libertad religiosa, a un asunto recientemente resuelto por el Tribunal Europeo de Derechos Humanos, que envuelve dos libertades fundamentales: la libertad religiosa y el derecho a la no discriminación. El caso involucra también el tema de la objeción de conciencia y, desde nuestro punto de vista, según los hechos, el derecho al trabajo. Se trata de un asunto en que la **ponderación** del ejercicio de los derechos en pugna es,

---

[66] Puyol, op. cit., p. 78.

básicamente, la tarea medular de este caso y que, dados los resultados, no fue precisamente la mejor ponderación de libertades.

f.2. El caso Eweida

Para mejor ilustración de estos casos, referimos la nota escrita por Rafael Navarro-Valls y Santiago Cañamares Arribas en la sección 'Observatorio Jurídico' del portal *Zenit. Org.*, y al final aportamos algunas reflexiones:

"El Tribunal Europeo de Derechos Humanos acaba de pronunciar una importante sentencia -Eweida y otros v. United Kingdom- donde se resuelven sendos recursos presentados por cuatro ciudadanos británicos en materia de libertad religiosa y no discriminación, derechos consagrados en el Convenio Europeo de Derechos Humanos. Dos de ellos están relacionados con la utilización de simbología religiosa, mientras que los restantes vienen referidos a la negativa a desempeñar tareas profesionales contrarias a las convicciones religiosas del trabajador, es decir, a la objeción de conciencia.

Una sentencia con cuatro caras

El primer recurso —el único estimado por el Tribunal- fue presentado por Ms. Eweida, una azafata de British Airways, cristiana copta, que fue suspendida de empleo y sueldo por su negativa a desprenderse de un colgante con una pequeña cruz, tal y como disponían las normas internas de la compañía aérea. El Tribunal consideró que dicha suspensión vulneró su derecho a la manifestación religiosa. El segundo recurso en materia de simbología religiosa fue presentado por Ms. Chaplin, enfermera adscrita al servicio de geriatría en un hospital público, a quien se le exigió la retirada de un collar con una cruz. El problema se desencadenó a raíz de que el centro sanitario decidiera cambiar el uniforme de las enfermeras, introduciendo una túnica con cuello de pico que hacía visible y accesible la simbología religiosa. La dirección sanitaria del centro sostuvo que llevar una cruz colgada del cuello podría suponer un riesgo para la salud de los pacientes geriátricos.

El tercer recurso fue presentado por una trabajadora cristiana ortodoxa de una oficina del registro civil —Ms. Ladele- que rechazó intervenir en la celebración e inscripción de uniones entre personas del mismo sexo, por resultar contrario a sus convicciones cristianas. La entidad pública encargada de la gestión del Registro —London Borough of Islington- decidió abrirle un expediente disciplinario que desembocó en el despido de la trabajadora, por haber vulnerado la política de igualdad y diversidad del municipio de Islington. El último recurso fue presentado por Mr. Farlane, un consejero de una empresa -Relate Avon Ltd.- dedicada al asesoramiento familiar, quien fue despedido por incumplir la política de igualdad de oportunidades de la empresa, al no proporcionar terapia sexual a parejas del mismo sexo, debido a sus convicciones cristianas."

Simbología y libertad religiosa

Antes de analizar el contenido del fallo, conviene recordar que los trabajadores son titulares del derecho a que se acomoden y respeten sus creencias religiosas en el marco del proceso productivo. Dicha acomodación, en tanto que auténtico derecho, no queda sometida a la arbitrariedad del empresario, sino que éste está obligado a proporcionarla siempre y cuando no implique una carga excesiva o injusta para la empresa.

Centrándonos en los casos de simbología religiosa, podría sorprender que el Tribunal haya llegado a conclusiones distintas en dos supuestos de hecho similares. En efecto, en Eweida la sentencia considera que portar una pequeña cruz —en contra de las disposiciones internas de la compañía aérea- no provoca un perjuicio excesivo a la empresa teniendo en cuenta, en primer lugar, que otros empleados vestían símbolos religiosos más llamativos sin que por ello padeciera la imagen corporativa. Y en segundo lugar, porque la propia empresa decidió, con posterioridad al conflicto, autorizar el empleo de joyería relacionada con la simbología religiosa. Consecuentemente, la sentencia entiende que los tribunales británicos vulneraron el derecho de la azafata a la manifestación religiosa, consagrada en el artículo 9 del Convenio cuando respaldaron la decisión de British Airways.

En cambio, la solución en Chaplin es distinta, al considerar que concurría un interés legítimo para prohibir la cruz colgada del collar: la protección de la salud de los pacientes. Sin embargo, y aquí comienza la contradicción, el reglamento interno del hospital admitía la utilización de anillos y pendientes e incluso de piercings —éstos últimos cuando fueran cubiertos- con lo que es fácil llegar a pensar que la norma no pretendía garantizar una asepsia clínica absoluta, ya que de lo contrario hubiera prohibido también el empleo de este tipo de elementos. En todo caso, la Corte asume el criterio de la dirección del centro sanitario según el cual el empleo de un collar implica más riesgos para la salud de los pacientes que otros complementos de joyería. Debe advertirse que a la enfermera no se le prohibió portar la pequeña cruz sino que se le exigió que lo hiciera de una forma compatible con el interés sanitario: o bien llevando una prenda interior debajo del uniforme que evitara que el collar quedara expuesto, o bien adaptándola a modo de broche o bien llevándola dentro del protector de la tarjeta de identificación. La restricción, por tanto, resultaba proporcionada al objetivo perseguido. Sin embargo, ninguna de estas opciones consiguió satisfacer las demandas de la enfermera. El centro sanitario, por tanto decidió trasladar a la enfermera a un puesto de carácter administrativo, donde pudiera lucir su cruz sin riesgos para la salud de terceros. En principio, la actuación del hospital parece perseguir un objetivo legítimo, objetivo que la Corte entiende proporcionado, con lo cual no cabe considerarla lesiva de los derechos de la trabajadora. Siempre, claro está, que no concurriera la oculta intención en la dirección del centro sanitario — lo que no aparece con nitidez en la sentencia— de vetar la utilización de simbología religiosa visible.

Dos supuestos de objeción de conciencia

En relación con los recursos presentados por Ms. Ladele y Mr. Farlane, la Corte llega a la conclusión de que el elemento más importante a tener en cuenta en la resolución de conflicto eran las políticas de igualdad que habían implementado los empleadores, ya que perseguían el interés legítimo de proteger los derechos de los demás, entre ellos los de las parejas homosexuales.

En estos últimos casos la falta de acierto del Tribunal se debe a que no plantea adecuadamente los términos del conflicto, ya que contrapone equivocadamente el interés del empleador en garantizar los derechos de los demás frente a la libertad del trabajador a manifestar su religión. En realidad, lo que el Tribunal debería haber analizado es en qué medida la acomodación de las creencias de los trabajadores entrañaba un gravamen excesivo para la consecución de dicho interés. En el caso Ladele es particularmente evidente que no se producía tal perjuicio, ya que otros registros civiles —tal y como se recoge en la sentencia- admitieron que quienes objetaran en conciencia a las uniones homosexuales se dedicaran exclusivamente a registrar matrimonios, nacimientos y defunciones. En el caso Farlane, una ponderación adecuada del derecho al acomodo del trabajador debería haber llevado al Tribunal a comprobar qué perjuicios hubiera recibido la empresa si al trabajador se le hubieran encomendado tareas distintas a la terapia sexual de parejas heterosexuales."

No es difícil coincidir con Rafael Navarro-Valls y Santiago Cañamares; la labor de ponderación del tribunal europeo es errática; se estima que los derechos fundamentales no tienen por qué enfrentarse al grado de hablar de una "colisión" de derechos, y decidir a ver cuál está arriba y cuál está abajo. Ese razonamiento conduciría al absurdo de negar, como sucedió con la sentencia del tribunal de Estrasburgo, el ejercicio legítimo de un derecho en sus creencias y a consecuencia de ello perder el empleo, es decir, que en realidad se cometieron dos injusticias. Y si ya los empleadores cometieron discriminación contra los cuatro trabajadores y tres de ellos perdieron su trabajo y modo de subsistencia, peor es que el juzgador también incurra en la equivocación de ponderar inadecuadamente el ejercicio de los derechos de quienes protagonizaron esa controversia, con lo cual se configura una triple injusticia: discriminación, pérdida del trabajo y justicia denegada. Así, el razonamiento para que se colmen cabalmente los ejercicios de los derechos humanos de estas personas es que el empleador debe no encontrar la solución más fácil con el despido, sino darle salida al trabajador objetor a fin de que, ubicado en otra área, sea compatible con su libertad de creencia. No hay desproporción ni para el empleador ni para los justiciables que tienen diferentes creencias. Podría pensarse que introducir "políticas de igualdad" en una empresa, como ocurrió en los casos narrados, sin procurar equilibrio en los destinatarios, que pueden y tienen derecho a la pluralidad, puede traer consigo la comisión de una injusticia en lugar del objetivo igualitario que se busca con esa política, es como querer "forzar" la igualdad... ¿es así como debería inculcarse?

g.- *Sobre la discriminación, tolerancia y respeto a la libertad de creencias*

En el segmento anterior, se hizo referencia al Caso *Eweida* y otros contra el Reino Unido, en que el Tribunal Europeo de Derechos Humanos pronunció una polémica sentencia reconociendo y respetando el derecho fundamental de libertad de creencia religiosa (que traía aparejado la objeción de conciencia y el derecho al trabajo) a una persona y a las otras tres, pese a que los supuestos de hecho eran similares, negó reivindicar sus derechos. En materia de discriminación, tolerancia y respeto a la libertad religiosa hay muchos casos que se resuelven en todo el mundo, y algunos, como el que referimos abajo, se entremezcla con la ética judicial y con una temática que siempre estará a debate, la independencia de ideologías, que todo juez debe aplicar al juzgar; pero, ¿y si se trata de un crucifijo o una pintura religiosa colgadas en la pared, que incomoda a quienes no profesan la religión representada con esos símbolos, sería posible negarse a seguir trabajando en la sala de justicia adornada con aquéllos? ¿Es posible pensar que se estaría atentando contra algún principio y virtud judicial, de las que prevé por ejemplo el Código de Ética del Poder Judicial de la Federación o del Código Iberoamericano de Ética Judicial?

Hay quienes pensarían de primer momento que el juez italiano del caso que abajo se reseña, sería una persona intolerante; su argumento de que en la sala judicial hay un símbolo religioso significa discriminación es discutible, si lo alineamos al concepto de tolerancia de la libertad de cultos, y, si el tribunal ante quien se queja el juez italiano juzga que sí se le discrimina, y ordena que quiten el símbolo, llegaríamos a la conclusión de que también el tribunal en cuestión estaría discriminando a quienes profesan la religión representada en el símbolo... recordemos por ejemplo que algunas constituciones del siglo XIX en nuestro país, establecían en los primeros artículos, que la única religión de la nación era la católica; véase el artículo 12 de la Constitución de Cádiz: "La religión de la Nación española es y será perpetuamente la católica, apostólica, romana, única verdadera. La Nación la protege por leyes sabias y justas y prohíbe el ejercicio de cualquiera otra." El artículo 3° de la constitución mexicana de 1824 tiene una redacción semejante; ambas fueron promulgadas en el nombre de Dios todopoderoso. Inclusive la constitución de 1857 fue promulgada "En el nombre de Dios y con la autoridad del pueblo mexicano". Después vendría la separación del Estado y la Iglesia y la declaración de que el Estado es laico.

En estos tiempos, habida cuenta de la evolución de la diversidad y pluralidad de pensamiento, un juez italiano en el año 2005 se negó a trabajar en la sala judicial porque había un crucifijo, reclamando que era objeto de discriminación. La noticia de 2006 que encontramos tiene un desenlace en la nota que la asociación de librepensadores italiana redactó no hace mucho y que también transcribimos en lo conducente.

2 de febrero de 2006
Italia (EFE)

- *Suspenden empleo a juez que rechaza trabajar en aula con crucifijo. El Consejo Superior de la Magistratura (CSM) italiana ha suspendido de empleo y sueldo a un juez que se niega a celebrar audiencias porque de la pared del aula del tribunal en el que trabaja cuelga un crucifijo. Se trata del magistrado Luigi Tosti, de 57 años, que desde mayo del año pasado rechaza realizar su labor en el Tribunal de Camerino (centro de Italia) porque considera que el hecho de que haya un crucifijo cristiano es un símbolo de discriminación religiosa. En declaraciones al rotativo, el juez sostiene que su actitud "no es una manía. La exhibición de la cruz viola los artículos 9 y 14 de la Convención de Derechos del Hombre,* *que establece la libertad religiosa y obliga a los Estados a no actuar con discriminación racial y religiosa", insiste. También se ha negado a celebrar las audiencias en una sala sin crucifijo para su uso exclusivo, como le habían propuesto los responsables del tribunal, al considerar que sería como colocarle en un gueto, señala el periódico. <u>Su protesta le valió el pasado noviembre una condena del Tribunal de la ciudad de L'Aquila (centro) a siete meses de reclusión y la prohibición de ejercer cargos públicos por un año, una sentencia en fase de apelación. "Habría una solución: exponer los símbolos de las distintas religiones. Pero, ¿se imagina el aula transformada en un bazar?. No, mejor que no haya nada", reflexiona el juez, que se declara laico y agnóstico pero con raíces judías.</u> La sanción del CSM se ha producido a petición del fiscal general Francesco Favara, y el magistrado ha anunciado que tiene intención de llevar su batalla ante instancias europeas.*

2012-07-17: El juez Luigi Tosti absuelto en la corte!

Miércoles 18 de julio de 2012

"Los laicos de todo el mundo conocen el nombre del juez italiano Luigi Tosti.

Este último se negó a sentarse como juez en una sala adornada con un crucifijo.

De hecho, la justicia debe ser igual para todos, independientemente de su opinión, religión o no religión.

Desde septiembre de 2005, el juez Luigi Tosti ha sido objeto de acciones represivas de todo tipo, incluyendo presiones administrativas y juicios.

Por lo tanto, fue condenado a siete meses de cárcel y una prohibición de un año como profesional por el Tribunal de Aquila, mientras que el Consejo Judicial Supremo había suspendido su sueldo (noviembre de 2005)

La lucha fue larga.

Desde septiembre de 2005, el juez Luigi Tosti fue apoyado por los laicos de todos los países.

Más allá de los innumerables y continuos intentos políticos y judiciales, apoyándose especialmente en el Concordato de Mussolini de 1929, modificado por Craxi en 1984, la sentencia de la Corte de Apelaciones de julio de Aquila 5, 2012 que absuelva al juez Luigi Tosti es una victoria para todos los laicos, todos los republicanos, todos los demócratas, en Italia y en todo el mundo.

La A.I.L.P. (Asociación Internacional de Librepensamiento) recuerda que el Manifiesto Internacional que se aprobó el 10 de agosto 2011 en Oslo, en el congreso de fundación, escribió "Las iglesias continúan reprimiendo y persiguiendo a las conciencias. Las iglesias no han cambiado "y afirmó que" El juez italiano Luigi Tosti continúa liderando la lucha para ser reintegrado en todos sus derechos que fueron revocados después de que él se negó a celebrar una sesión en una sala de justicia decorada con un crucifijo "

Para la AILP esta victoria tiene que seguida por otras victorias.

La AILP saluda el juez Luigi Tosti y, a través de él, todos los librepensadores italianos.[67]

Una vez leído el caso, preguntamos:

1.- El juez italiano: ¿tiene derecho a que no haya ningún símbolo religioso en su lugar de trabajo? Sí o no, cabría señalar los argumentos respectivos.

2.- Las personas que trabajan en la sala judicial, ¿tendrían derecho a pedir que reinstalen su crucifijo? Habría que argumentar si se responde afirmativa o negativamente…

---

[67] internationalfreethought.org

3.- ¿Incomodaría a usted algún símbolo religioso suponiendo que esté colocado en algún recinto, no ya en un juzgado, sino por ejemplo en una oficina que usted visite, un cine, un negocio (un taller mecánico, en este tipo de establecimientos son muy frecuentes tales símbolos) o un hospital?

h. El derecho al descanso vacacional de los jueces y la ética judicial: no están reñidos…

El caso que abajo se transcribe ha causado malestar en el foro colombiano; pero ¿según los hechos, sería grave para el Código Iberoamericano de Ética Judicial que siete magistrados tomen un crucero en vacaciones? ¿No puede haber amistad entre jueces? ¿Pertenece este ámbito de actuación a la vida privada de las personas, o no? En un interesante artículo que escribió Jorge Malem Seña, "La vida privada de los jueces"[68], refiere que el Tribunal Europeo de Derechos Humanos ha intentado circunscribir la noción de vida privada a "una serie diversa aunque no exhaustiva de intereses", por ejemplo, "la vida e identidad sexuales, la elección del propio nombre, la garantía frente al almacenamiento, registro y comunicación de datos personales, o la protección frente a intromisiones nocivas de ruidos y olores en los espacios donde se desarrolla vida privada". Esto se oye bien para el ciudadano privado, pero para el juez, que es una figura pública, ¿es aplicable? En principio diríamos que sí… En otro artículo del mismo autor, intitulado "¿Pueden las malas personas ser buenos jueces?"[69] refiere Malem que a los jueces españoles, en los siglos XVII a XIX se les exigía que vivieran en un aislamiento social casi total, no podían tener amistades, asistir a bodas, bautismos, banquetes, corridas de toros,

[68] *La función judicial: ética y democracia.* J. Jesús Orozco Henríquez (comp.), Rodolfo Vázquez (comp.), Jorge F. Malem Seña (comp.), Gedisa, Barcelona, 2003, págs. 163-179
[69] Revista de la Facultad de Derecho-UNAM, tomo LI, Número 235, 2001, págs. 135-159

participar en juegos de azar, todo ello con el supuesto fin de que no perdieran objetividad ni imparcialidad en sus decisiones. Asimismo, se le exigía que tuviera una imagen de persona justa e irreprochable (como ahora también se espera de la judicatura), debiendo tener buena fama, desinteresados, sabios, y con experiencia; debían tener trato circunspecto, serio, vestir ropas oscuras, no tener tratos de cercanía con sus colegas, con los abogados y con vecinos. Es decir, casi fuera del mundo. Apunta Malem, finalmente, que "en los corrillos judiciales se suele decir que, para ser un buen juez es necesario ser una buena persona, y, si sabe derecho, tanto mejor".

¿Estaría el foro abogadil colombiano cayendo en las mismas normas draconianas para con sus magistrados?

Colombia (El Tiempo):

- ***Piden renuncia de magistrada involucrada en escándalo de crucero.*** *Las explicaciones que dio la presidenta de la Corte Suprema, la magistrada Ruth Marina Díaz, de hacer uso de un permiso remunerado de cinco días para irse de crucero por el Caribe fueron rechazadas por representantes de la sociedad civil y pidieron su renuncia. Díaz dijo a RCN Radio que "el exceso de trabajo" por las múltiples obligaciones que ha debido manejar como Presidenta de la Corte, y que debe atender sin descuidar los procesos que tiene a su cargo en la Sala Civil, justifican el descanso que tomó. Sin embargo, la directora de la Corporación Excelencia en la Justicia (CEJ), la abogada Gloria María Borrero, consideró que la magistrada debe renunciar a su cargo, o al menos a la presidencia del alto tribunal, y explicar por qué viajó con uno de los candidatos más opcionados a ocupar una vacante en la Sala Civil de la Corte, de la que ella hace parte. Se trata del magistrado del Tribunal Superior de Bogotá Jaime Araque, quien junto con otros siete* colegas se embarcó con Díaz en el crucero. Ellos, según la Presidenta de la Corte, fueron quienes se encargaron de conseguir los tiquetes para el viaje. Araque es el único de los 16 aspirantes a ocupar la vacante en la Sala Civil de la Corte -que dejó libre hace año y medio el magistrado Jaime Arrubla- que más alta votación ha alcanzado hasta el momento. "Esta situación -agregó Borrero- debe investigarse. Es posible que estemos ante un caso de tráfico de influencias y eso es muy grave por sus implicaciones penales". Según la directora de la CEJ, el tema debe servir también para revisar los permisos exagerados de los que gozan los magistrados de las altas cortes. "Este es un espectáculo vergonzoso y bochornoso, por primera vez una mujer ocupa la presidencia de la Corte en sus 180 años y termina protagonizando un hecho como este", agregó. El viaje también motivó a que el abogado Fernando Ayala recusara a la magistrada Díaz y pidiera que se abstenga de conocer una acción de tutela contra una decisión del Tribunal Superior de Bogotá en un proceso ejecutivo y que deberá decidir la Sala Civil de la Corte en los próximos días. Ayala consideró que hay un conflicto de intereses en este caso por los vínculos de amistad entre la magistrada Díaz con dos miembros del Tribunal Superior de Bogotá, Martha Patricia Cruz Miranda y Luz Stella Roca, quienes intervinieron en el fallo cuestionado por la tutela y que se hicieron evidentes al acompañarla en el viaje. "Esto representa un desequilibrio. Ella no puede intervenir en un caso que ataca la decisión que tomaron sus compañeras de viaje. Esto demuestra una cercanía que obstaculiza la administración de justicia", afirmó el abogado Ayala. La Presidenta de la Corte ha reiterado desde el pasado sábado, cuando regreso al país, que el viaje lo pagó con un dinero que le obsequió un hijo suyo y que debido al exceso de trabajo no había podido disfrutar. Según Díaz, en enero debió suspender sus vacaciones para representar oficialmente a la corporación en un foro realizado en Chile. "El trabajo que realizamos los jueces y magistrados no es de horario de ocho horas, como en muchas otras profesiones, sino que es de resultados. Los jueces sacrificamos nuestro descanso porque debemos administrar justicia prontamente. Como es natural, el ser humano al no tener descanso entra en cansancio", dijo la magistrada a

RCN, el único medio al que accedió a hablar, como justificación del viaje. El presidente de la Sala Disciplinaria del Consejo Superior de la Judicatura, el magistrado Wilson Ruiz, quien anunció que investigará a los siete magistrados que viajaron con Díaz en el crucero, reiteró que los permisos a los que tienen derecho los magistrados por ley deben solicitarse con antelación y justificarse ante el superior inmediato. El magistrado Ruiz se abstuvo de especificar casos, pero aseguró que estos permisos son diferentes a las licencias a las que puede acceder el servidor judicial y que no son remuneradas. Tampoco se pueden confundir con los permisos remunerados por estudio o cátedra universitaria, los cuales tienen otro trámite, agregó.

i. El tribunal adivino

La tarea del juzgador es juzgar a la persona sobre los hechos pasados, cometidos por ella, si causan un daño; en ocasiones desde luego existe coparticipación, complicidad y encubrimiento. Pero creemos que a veces, algunas sentencias son sumamente cuestionables por lo descabellado de su argumentación.

El siguiente caso nos recuerda aquélla película de Steven Spielberg, *Minority Report*, del año 2002, en la que Tom Cruise es el capitán John Anderton y trabaja en la fuerza policíaca *Precrimen*, que cuenta con tres individuos que predicen el futuro y quién va a asesinar en breve, para detenerlos y bajar el índice de criminalidad; evidentemente, el guion está ambientado en un futuro lejano (año 2054) y lleno de ciencia ficción, pero en 2013 un tribunal de apelaciones estadounidense se ha adelantado a predecir que alguien que envía un mensaje de texto por teléfono móvil, "sabe" que el destinatario (en este caso un conductor) lo va a leer mientras éste conduce, y por ello, si el citado conductor causa un accidente, el remitente del mensaje será responsable también…

¿Y si el remitente está en otro país, otro continente, la jurisdicción del tribunal lo alcanza? Podríamos cuestionar lo que se quiera, habrá quienes justificarán la sentencia, pero en realidad, pensamos que tal resolución va más allá de la lógica jurídica.

Usted, ¿qué opina?

Estados Unidos (El País/News12):

- *Tribunal de Apelaciones: Persona que envía texto a un conductor puede compartir la responsabilidad si el conductor causa un accidente. Un tribunal de apelaciones de Nueva Jersey dictaminó que una persona que envía un mensaje de texto a un conductor puede compartir la responsabilidad si el conductor causa un accidente. Un panel de tres jueces del tribunal estatal de apelaciones destacó que los conductores están obligados a obedecer las leyes de tránsito y no transmitir o leer mensajes de texto mientras conducen. No obstante, los jueces dicen que <u>la persona que envía el texto, sabiendo que el conductor la leerá mientras conduce, podría ser responsable y hasta ser demandado en corte civil, en caso de un accidente</u>. Esta decisión se produce después de un caso en el Condado de Morris, donde dos adultos perdieron sus piernas izquierdas cuando un adolescente distraído chocó contra su motocicleta. La pareja recibió $500.000 en una demanda.*

j. De nuevo, la vida privada de los jueces a la luz pública…

En varios casos comentados con anterioridad, respecto a la dudosa ética que algunos jueces y magistrados exhiben en su vida privada y que puede llegar a influir negativamente en su función jurisdiccional, en su relación con el personal de su oficina e incluso con la sociedad misma, hemos señalado de manera casi insistente que el entorno íntimo del juez no queda fuera del escrutinio social; la presencia de las redes sociales tales como *You Tube, Twitter, Facebook*, etc., hace más fácil la tarea al observador que proyecta, cuando la ocasión se presenta, un comportamiento ya no tanto de actrices, cantantes, políticos, sino también de personas que bien pudieran ser jueces o magistrados captados por la prensa o la cámara oportuna de un teléfono móvil llevando a cabo acciones que, como las que relata la noticia que abajo se transcribe, de dudoso contenido ético.

Valga la ocasión para preguntar de nuevo:
¿La vida privada de los jueces debe ser totalmente privada?

11 de diciembre de 2013.

China (Xinhua):

- ***Investigan a juez por tener relación extramarital.*** *Un juez de alto nivel de la provincia de Hubei, centro de China, está siendo investigado por mantener una relación extramarital, informó esta noche el Tribunal Popular Superior de Hubei. Zhang Jun, jefe de la tercera división de casos penales del tribunal, fue suspendido del cargo y será destituido una vez que lo apruebe la autoridad correspondiente, dijo el tribunal en un comunicado. La investigación contra Zhang fue emprendida por el tribunal y por la autoridad de control disciplinario del Partido Comunista de China (PCCh) de Hubei después de que se publicara en internet un video en el que supuestamente aparece Zhang comprando sexo. Los investigadores descubrieron que Zhang había mantenido durante un periodo prolongado una relación inapropiada con una mujer identificada.*

k. Un juez que no quiere interpretar…

¿Será cierto que entre más 'clara' sea la norma es innecesario interpretar? ¿Cómo saber si es "clara" la norma si no la interpretamos?

Si bien en materia penal es mejor que el legislador precise el tipo penal para garantizar el debido proceso, la seguridad jurídica, etc., creemos que el juez no se escapa a tener que interpretar la norma aunque ésta sea aparentemente más "clara".

Véase la siguiente noticia y opine por favor.

Juez de la Corte Suprema pide modificar Ley de Drogas para "evitar interpretaciones". En medio del debate iniciado hace unos días sobre las penas y tipificaciones de delitos contempladas en la Ley de Drogas, el ministro de la Corte Suprema Hugo Dolmestch pidió al Poder Legislativo, "precisar" la normativa existente, para evitar que los tribunales deban interpretarla. Dolmestch, quien desde julio de 2006 forma parte de la Corte Suprema y a la fecha integra la Sala Penal, sostuvo a La Tercera que, si bien no puede pronunciarse en nombre del máximo tribunal, sí estima que "sería bueno que el Poder Legislativo aclare esas cosas y configure el tipo penal de forma más precisa, para evitar interpretaciones de todo orden". Los tipos penales considerados para este delito son consumo (que sólo se sanciona si es en lugares públicos), microtráfico y narcotráfico. A juicio del magistrado, "mientras esto no ocurra, los tribunales de justicia van a calificar y van a estimar si existen o no los elementos del tipo y si hay o no delito en cada caso". Uno de los casos que se ha debatido en estos días es el que afecta al productor musical Manuel Lagos, cuya prisión preventiva fue ratificada ayer. Lagos está privado de libertad desde el 17 de mayo, luego de que el Octavo Juzgado de

Garantía estimara que los 575 gramos netos de marihuana que, presuntamente portaba, configurarían el delito de tráfico de drogas y no se ajustarían a consumo personal. Apertura al debate. Para Dolmestch la falta de precisión de la normativa actual lleva a que "quede a criterio de cada juez interpretar la ley como él considere". Añade que "eso es lo que tiene ahora (la ley), que es interpretable y algunos podrán pensar con que basta con plantar y otros podrán decir: 'oiga, la plantación si no tiene un sentido, un objeto, un destino, no es delito'. Esa es toda materia de interpretación". Al respecto, Jorge Valladares, director de la Unidad de Drogas de la Fiscalía Nacional, asegura que "es necesario un debate". Sin embargo, plantea que, al "fijar una cantidad (de porte o tenencia de droga), a usted le impide probar su condición de consumidor, aunque así sea". De acuerdo al representante del Ministerio Público, la Ley 20.000 o Ley de Drogas, "da garantías, porque finalmente esta discusión está desnaturalizando un aspecto esencial: que la máxima garantía dentro del proceso criminal es el juicio oral". Añade que "hoy pareciera que la judicialización es el acto de mayor arbitrariedad. Para eso existe el tribunal y un juez que van a determinar si determinada conducta es constitutiva de tráfico". Respecto del debate, la diputada RN y presidenta de la Comisión de Seguridad Ciudadana y Drogas, Marcela Sabat, afirma que es necesaria una modificación legal: "El problema está en la interpretación de los jueces frente a un mismo guarismo. Pero claramente (la modificación) ayudaría a establecerlo".

l. Las Pussy Riot y la libertad de expresión

Este sin duda es un caso de confrontación entre la libertad de expresión, libertad religiosa y posible abuso del ejercicio de un derecho.

Grupos defensores de derechos humanos, cantantes famosos y personajes influyentes del cine y espectáculos, apoyan al grupo "Pussy Riot" para que sean liberadas pues al parecer la condena por su acción es injusta y viola el derecho a la libertad de expresión de sus integrantes.

Las dos noticias que abajo se reproducen, nos invitan a reflexionar sobre el límite de la libertad de expresión: ¿hay que tolerar a grupos como el de las personas acusadas en Rusia, por si llegan a "expresarse en su oficina, en su club, en el templo al que asista, en la calle que transite y callar? Porque si no, estaríamos restringiendo su derecho a "expresarse" …

¿Cuál es el límite a la libertad de expresión? La constitución política en los artículos 6° y 7° dispone que son el orden público, la vida privada, los derechos de los demás y la moral. La posible definición de cada uno de ellos entraña dificultades semánticas y conceptuales complejas y de confrontación de ideologías. Sin embargo, llegado el caso al tribunal, ¿qué decidiría usted en el presente asunto?

Independientemente de lo grave que implica que unos grupos de "hackers" se autoproclamen reivindicadores de derechos fundamentales mediante ataques a portales de internet y que violen, con ello, paradójicamente, el acceso a la información del resto de las personas, las preguntas implícitas con el tema de la libertad de expresión serían:

La moral, por ejemplo, ¿implicaría tener que acudir a una moral general o a la concepción propia y personal? ¿Es "su moral" la que debe prevalecer o hay realmente una "moral pública" que se aplique a todos los ciudadanos y la tengan por válida?
¿Hay un "choque" o colisión entre el orden público y la libertad de expresión en el caso del grupo ruso?

(Se recomienda la lectura de la ejecutoria del amparo directo 28/2010).

<u>*Rusia (Novosti):*</u>

- **Piratas atacan web del tribunal ruso que condenó a las Pussy Riot.** *Hackers presuntamente vinculados al grupo Anonymous realizaron esta mañana un ataque contra la web del Tribunal Jamóvnicheski de Moscú, el mismo que emitió varios días antes la condena de dos años de cárcel contra tres integrantes del grupo Pussy Riot, por vandalismo, según la prensa local. <u>Los atacantes sustituyeron el contenido de la web por los llamamientos a la liberación a las Pussy Riot y colocaron allí una canción de esta banda punk femenina que se propulso a la fama con una serie de escandalosas improvisaciones contra Vladímir Putin, entre ellas, una que protagonizaron en la mismísima Plaza Roja de Moscú, y la otra, en la moscovita Catedral del Salvador.</u> Fue esta última la que el Tribunal Jamóvnicheski castigó el pasado viernes con dos años de prisión. Hackers del colectivo Anonymous reivindicaron la autoría del ataque, según el Servicio Ruso de BBC. Una de las inscripciones puestas en la web del tribunal, redactada con errores gramaticales, decía: "Somos el Anonymous estadounidense. No olvido ni perdón. Desordenes. Libre pussy. Tiranía no son jueces". Varias horas después del ataque, la web del tribunal volvió a funcionar con normalidad. Su página inicial luce aspecto habitual en estos momentos: una foto del edificio del juzgado, la dirección, los números de teléfono y las noticias. La portavoz del tribunal, Daria Liaj, calificó a los atacantes como "personas de poca imaginación" y constató que "acciones como la suya violan el derecho de acceso ciudadano a las actas judiciales y a la información sobre la labor del tribunal". Agregó que "el departamento judicial de la Corte Suprema pedirá al Comité nacional de Investigaciones la apertura de un expediente penal a raíz del ataque". Hackers del grupo Anonymous realizaron numerosos ataques contra empresas e* *instituciones que, a su juicio, cometen injusticias o abusos. La lista de sus blancos incluye los sitios web de la OTAN, la ONU, el Departamento de Estado de EEUU, las compañías Apple y Sony, el Kremlin y el Gobierno ruso. Tres integrantes encapuchadas del grupo Pussy Riot - Nadezhda Tolokónnikova, María Aliojina y Ekaterina Samutsévich - irrumpieron el pasado 21 de febrero en la Catedral de Cristo el Salvador para interpretar al lado del altar una "oración punk" que decía "Virgen, echa a Putin". La "oración" fue grabada en un vídeo que se publicó en Internet e hirió los sentimientos de numerosos creyentes ortodoxos. El 17 de julio, el Tribunal Jamóvnicheski de Moscú las declaró culpables de "vandalismo por motivos de odio religioso" y las sentenció a dos años de colonia penitenciaria. La defensa se declaró dispuesta a recurrirá el veredicto. El caso Pussy Riot provocó fuertes repercusiones dentro y fuera de Rusia. Varios políticos rusos y occidentales calificaron la sentencia de "desmesurada". Las Pussy Riot recibieron también muestras de solidaridad por parte de algunas estrellas del mundo del espectáculo internacional, entre ellas, Madonna, Sting, Peter Gabriel, Danny deVito y Stephen Fry.*

- ***Un consejero de Putin cree que la condena a las Pussy Riot será anulada.*** *El jefe del Consejo para los Derechos Humanos (CDH) adjunto a la Presidencia de Rusia, Mijaíl Fedótov, expresó hoy su esperanza de que la condena a dos años de prisión a tres integrantes del grupo punk ruso Pussy Riot será anulada por una instancia judicial superior. <u>La condena "tendrá consecuencias como un ejemplo de error judicial, que -espero- será rápidamente subsanado por el Tribunal de Moscú", la instancia superior, dijo Fedótov a la agencia Interfax.</u> Agregó que muchos miembros del CDH consideran inmerecida la sentencia dictada el viernes pasado por el tribunal del distrito moscovita de Jamóvniki a las Pussy Riot por escenificar una "plegaria punk" contra el presidente de Rusia, Vladímir Putin, en la catedral de Cristo Redentor, el principal* *templo ortodoxo del país. Nadezhda Tolokónnikova, Yekaterina Samutsévich y María Aliójina fueron condenadas a dos años de prisión, tras ser declaradas culpables del delito de "vandalismo motivado por odio religioso", que el código penal ruso castiga con hasta siete años de cárcel. "No es un delito, sino una falta administrativa". Fedótov indicó que la acción de las Pussy Riot "no está en el ámbito del derecho penal, sino en el campo de las faltas administrativas". "El delito 'sacrilegio' estuvo tipificado en nuestra legislación en el siglo XIX. Entre 1845 y 1885, se castigaba con entre tres y ocho meses de arresto. Incluso según los cánones del siglo XIX esta condena es bastante extraña", agregó. El CDH, anunció Fedótov, emitirá en los próximos días un documento especial sobre el caso de las Pussy Riot. Las declaraciones del jefe del CDH dependiente del Kremlin se producen al día siguiente de que la policía diese la orden de busca y captura de otras dos integrantes no identificadas de Pussy Riot que participaron en la escenificación de la "plegaria punk" el pasado 21 de febrero. Además, ayer la defensa de las tres cantantes anunciaba que recurrirían la sentencia y que estaban dispuestos a interponer recursos ante el Tribunal Supremo de Moscú, el Constitucional y el Tribunal de Derechos Humanos de Estrasburgo. Un 'rezo punk' en el origen de la polémica. Ese día, cinco de las integrantes del grupo punk irrumpieron encapuchadas en una zona restringida del altar de la catedral de Cristo Redentor. Las mujeres se desprendieron de varias de sus prendas y comenzaron a tocar la guitarra eléctrica, a cantar y a bailar en ropa interior. Más tarde, las Pussy Riot difundieron en internet un vídeo con la escenificación de la plegaria "Madre de Dios, echa a Putin", en la se acusa al patriarca de la Iglesia Ortodoxa Rusa, Kiril, de creer en el presidente de Rusia, y no en Dios. El juicio a las Pussy Riot levantó una campaña internacional en favor de su libertad a la que se han sumado organizaciones de defensa de los derechos humanos y figuras del mundo musical de la talla de Paul McCartney, Sting, Madonna, Björk y bandas como Red Hot Chili Peppers.*

"La condena tendrá consecuencias como un ejemplo de error judicial, que será rápidamente subsanado por el Tribunal de Moscú"

2 de octubre de 2012. Rusia (EP):

- **Se aplaza hasta el 10 de octubre el juicio contra tres miembros de Pussy Riot.** <u>Una de las tres integrantes del grupo de punk ruso Pussy Riot ha despedido a sus abogados durante una vista, tras lo cual el juez ha aplazado hasta el próximo 10 de octubre el juicio contra las jóvenes activistas.</u> Yekaterina Samutsevich, Nadezhda Tolokonnikova y Maria Alyojina están cumpliendo una sentencia de dos años de cárcel por vandalismo. Fueron condenadas el pasado agosto por haber interpretado una canción de protesta en febrero contra el entonces primer ministro ruso, Vladimir Putin, en la principal catedral ortodoxa de Moscú. Samutsevich ha despedido a Violetta Volkova, Mark Feygin y Nikolai Polozov argumentando que su postura en el caso no coincide con la de sus abogados, según ha informado la agencia de noticias RIA Novosti. <u>La joven ha afirmado que ya tiene otro abogado pero que aún no ha firmado un contrato con él.</u> Sus compañeras han apoyado su decisión y han señalado que la ley le permite hacerlo, pero ellas no han solicitado nuevos abogados. Los fiscales, en cambio, han mostrado su irritación y han afirmado que este cambio es en realidad una "táctica dilatoria". Ante esta situación, el juez, que ha aceptado terminar el contrato de Samutsevich con Volkova, ha aplazado el inicio del juicio hasta el 10 de octubre. Sin embargo, ha indicado que Samutsevich no había solicitado previamente un nuevo abogado y que no ha ofrecido una explicación válida para hacer el cambio. Varios gobiernos de países occidentales han calificado de excesivas las condenas impuestas a las tres activistas, y la oposición rusa cree que son víctimas de la represión de las autoridades, pero muchos rusos consideran que son unas jóvenes irreverentes que solo quieren promocionarse.

8 de octubre de 2012.

<u>*Rusia (EFE):*</u>

- ***Acusa abogada de Pussy Riot a Putin de presionar a los tribunales.*** *La defensa de las tres jóvenes del grupo punk ruso Pussy Riot condenadas a dos años de cárcel después de cantar como acción de protesta en una catedral de Moscú acusó hoy al presidente ruso, Vladímir Putin, de presionar a los tribunales. "<u>Sin lugar a dudas, vemos las palabras del presidente sobre las chicas en vísperas de la vista de nuestro recurso como una presión sobre la instancia de casación</u>", dijo la abogada Violetta Vólkova, citada por las agencias rusas. Vólkova aseguró que "hacer tales declaraciones, más aún días antes de una vista judicial, es inadmisible para el jefe del Estado". "'Las llevaron al tribunal, les metieron un par de años', esas son expresiones barriobajeras, jerga, que es inaceptable para su cargo", dijo. En opinión de la abogada, "con sus declaraciones el Presidente demostró que apoya la sentencia dictada contra las integrantes de Pussy Riot y que no hay que revisarla". Con ocasión de su 60 cumpleaños, Putin aseguró en una entrevista con el canal de televisión NTV: "En realidad está bien que fueron arrestadas y está bien la decisión que ha tomado el tribunal, ya que no se puede hacer tambalear las bases de la moral, destruir el país. ¿Qué nos va a quedar entonces?". Putin, que había declinado en numerosas ocasiones comentar la sentencia que llevó a las jóvenes a la cárcel por "gamberrismo motivado por odio religioso", destacó que al principio pensó que el caso no pasaría a mayores. "Yo no tengo nada que ver. Ellas han obtenido lo que querían", aseveró. El Tribunal Municipal de Moscú reanudará este miércoles la vista sobre el recurso de casación tras aplazarla la pasada semana después de que una de las* *condenadas, Yekaterina Samutsévich, rechazara que sus tres abogados actuales sigan defendiendo sus intereses. La defensa de Samutsévich, Nadezhda Tolokónnikova y María Aliójina mantiene mantiene que en su actuación no hay objeto de delito y está dispuesta a recurrir al tribunal de derechos humanos de Estrasburgo. La Iglesia Ortodoxa Rusa (IOR) pidió recientemente a la Justicia rusa que tenga clemencia con las tres condenadas integrantes del grupo punk Pussy Riot si muestran arrepentimiento por lo que han hecho. No obstante, los abogados del grupo ya han insistido que las jóvenes mantienen que su actuación fue política y no estaba dirigida contra la Iglesia y los creyentes, por lo que no están dispuestas a reconocer su culpabilidad. Las Pussy Riot se dieron a conocer el 21 de febrero, cuando cinco de sus integrantes irrumpieron encapuchadas en una zona restringida del altar de la catedral de Cristo Salvador en la capital rusa. "Madre de Dios, echa a Putin", decía la canción cuyo vídeo fue difundido en internet y en la que se acusaba al patriarca de la Iglesia Ortodoxa Rusa, Kiril, de creer en el presidente de Rusia y no en Dios.*

10 de octubre de 2012

Rusia (El País):

- ***El tribunal confirma los dos años de cárcel para dos de las Pussy Riot.***
El tribunal de segunda instancia de Moscú que ha examinado este miércoles la condena a dos años de prisión de tres integrantes de "Pussy Riot" <u>dividió al grupo rock-punk, al dejar en libertad condicional a una de ellas y mantener la pena de las otras dos</u>. El tribunal decidió que no había razón para alterar la sentencia contra Nadezhda Tolokónnikova y María Aliójina, pero sí para ser más benigno con Yekaterina Samutsévich. Esta última había cambiado de abogado por no estar de acuerdo con la línea común de la defensa de la causa, construida en torno a una argumentación política.

"El tribunal decidió que Yekaterina Samutsévich puede corregirse sin ser aislada de la sociedad", manifestó la representante oficial del juzgado, Anna Usachova. La nueva abogada de Samutsévich, Irina Jrunova, que sustituyó a Violeta Vólkova, diferenció el caso de su defendida del resto de sus compañeras y trató de minimizar, con éxito, la culpa de su cliente, al señalar que ésta no había llegado a participar en la performance en el altar de la catedral de Cristo Salvador, ya que fue detenida y conducida fuera del templo cuando estaba intentando desenfundar una guitarra que traía. El pasado 21 de febrero, en la catedral de Cristo Redentor de Moscú, las "Pussy Riot" trataron de entonar una irreverente canción en la que denunciaban la complicidad entre el poder político simbolizado por el presidente de Rusia, Vladímir Putin, y la jerarquía de la Iglesia Ortodoxa Rusa. El 17 de agosto, las tres mujeres fueron condenadas a dos años de prisión por gamberrismo basado en motivos antirreligiosos. El pasado domingo, en una entrevista con motivo de su 60º cumpleaños, el presidente Putin consideró que la sentencia a las Pussy Riot era correcta y que las chicas habían logrado lo que, según él, pretendían con su acción: "Es correcto que fueran arrestadas y fue correcta la decisión del tribunal porque no se pueden socavar los fundamentos morales y los valores para destruir el país". Marc Feiguin, el abogado de Tolokónnnika, ha pedido este miércoles a los jueces que calificaran las declaraciones de Putin como una "presión intolerable" sobre el tribunal de segunda instancia. Irina Jrunova, la nueva abogada de Aliójina, manifestó que el tribunal de primera instancia de forma injustificada había valorado las acciones de las tres acusadas con los mismos criterios. La abogada pidió que le conmutara la sentencia y afirmó que su defendida era solidaria con sus compañeras, pero que no había participado en la acción en la misma medida. Por su parte, los representantes de los creyentes presuntamente ofendidos manifestaron que no veían motivos para suavizar la sentencia puesto que las chicas no habían denunciado a sus cómplices. *"Somos todas inocentes... El veredicto debe ser revocado... El sistema judicial está desacreditado"*, había declarado por la mañana Aliójina. *"Por supuesto que no queríamos ofender a los creyentes"*, añadió en referencia

a la actuación que protagonizaron en la catedral Ortodoxa de Moscú, en la que pidieron a la virgen María que les librara del presidente ruso, Vladimir Putin. "El arrepentimiento es inaceptable. Es un tipo de chantaje", ha añadido Aliójina, quien ha dicho haber perdido toda esperanza en que su recurso pueda prosperar. Una vez conocido el fallo del tribunal, Nadezhda Tolokónnikova, que vio confirmada su pena, ha dicho: "Putin está haciendo todo lo posible para que se desarrolle una guerra civil en este país". Tolokónnikova, de años 22, Aliójina, de 24, y Samutsevich, de 30, insisten en que su actuación fue una protesta política que no tuvo la intención de atacar en modo alguno a la iglesia Ortodoxa, muchos de cuyos fieles se sintieron ofendidos por la actuación de las jóvenes. Los opositores al Kremlin aseguran que las condenas son parte de las campañas del Gobierno para reprimir a los disidentes, varios de los cuales ya han sido procesados desde el comienzo del tercer mandato de Putin, el pasado mes de mayo. Con todo, la simpatía hacia el grupo Pussy Riot es limitada en Rusia. El patriarca ortodoxo, Kiril —que apoyó a Putin durante su campaña electoral— cree que la actuación de las cantantes fue parte de un ataque destinado a abortar el renacimiento de la iglesia ortodoxa, y el Parlamento está elaborando leyes para endurecer las penas por ofensas a los sentimientos religiosos. Una encuesta realizada entre el 21 y el 24 de septiembre reveló que el 35% de los rusos opina que las penas son apropiadas; el 34% estima que fueron demasiado leves, y el 14% considera que las penas son excesivas. El caso desató una gran polémica a nivel internacional y críticas de varios Gobiernos occidentales o de cantantes como Madonna, que arremetieron contra las penas impuestas, que tildaron de desproporcionadas, una opinión que en Rusia no comparten muchos, que se escandalizaron por la actuación del grupo Pussy Riot en la catedral. El primer ministro Dmitiri Medvedev dijo el mes pasado que las artistas-activistas ya habían pasado el suficiente tiempo en la cárcel, al tiempo que la iglesia Ortodoxa exigía arrepentimiento para respaldar el perdón a las Pussy Riot.

m. ¿Protesta o juramento?

La mayoría de las personas sabemos desde hace mucho tiempo que cuando un servidor público inicia sus labores, sea en la administración pública, en un cargo de elección popular o en la judicatura, debe "protestar" que cumplirá fielmente la Constitución y las leyes que de ella emanen, y si no, que la "República se lo demande". Inclusive cuando los graduados son aprobados en su examen profesional, el presidente del jurado lee una carta con una especie de recordatorio de sus deberes y comportamiento ético como nuevo profesionista, y al final lleva a cabo una "toma de protesta".

Lo curioso es que en ambos casos el servidor público o el novel profesionista, levantan la mano derecha, con los dedos juntos señalando hacia un punto arriba de la persona que le "toma la protesta" (como se hacía el saludo ante el César o como saludaban en el fascismo italiano en tiempos del Duce Mussolini y el nacionalsocialismo de Hitler) y manifiesta vehementemente: "¡Sí, protesto!"

Esta "protesta" nos es muy familiar y muy normal, pero ¿desde cuándo se lleva a cabo el acto de "protesta"?, es decir, ¿cuándo se introdujo esta modalidad y por qué se eliminó el acto del *juramento*, que era el que se otorgaba en estos casos? En efecto, anteriormente, en los supuestos mencionados, se "juraba" que se cumplirían las leyes y la Constitución, y un tiempo después se cambió a "protesta". En las constituciones mexicanas del siglo XIX localizamos datos interesantes sobre este asunto. La constitución de 1814, conocida como la Constitución de Apatzingán, cuyo título original fue "Decreto constitucional para la libertad de la América mexicana", dispuso en los artículos 155 y 187 la fórmula de juramento que habían de pronunciar los "individuos" (no se les menciona como 'magistrados' o 'ministros') al momento de asumir un cargo: "*¿Juráis defender a costa de vuestra sangre la religión católica, apostólica, romana? –R. Sí juro. ¿Juráis sostener constantemente la causa de nuestra independencia contra injustos agresores? –R. Sí juro.– ¿Juráis observar y hacer cumplir el decreto constitucional en todas y cada una de sus partes? –R. Sí juro. ¿Juráis desempeñar con celo y fidelidad el empleo que os ha conferido la nación, trabajando incesantemente por el bien y prosperidad de la nación misma? –R. Sí juro. – Si así lo hiciereis, Dios os lo premie, y si no os lo demande.*" Esta constitución no tuvo vigencia real ya que nuestro pueblo no era aún independiente, pero ilustra fielmente el pensamiento y la costumbre de la época respecto a la importancia del juramento del cargo.

La constitución de 1824, con la proclama de aquéllas épocas, fue decretada "En el nombre de Dios Todopoderoso, autor y supremo legislador de la sociedad…"; en su artículo 163 ordenó que "…todo funcionario público, sin excepción de clase alguna, antes de tomar posesión de su destino, deberá prestar juramento de guardar esta constitución y la acta constitutiva", y en el artículo 136, con relación al juramento de ministro de la Corte Suprema de Justicia, estableció: "Los individuos de la Corte Suprema de Justicia, al entrar a ejercer su cargo, prestarán juramento ante el presidente de la República, en la forma siguiente: "*Juráis a Dios nuestro Señor haberos fiel y legalmente en el desempeño de las obligaciones que os confía la nación? Si así lo hiciereis, Dios os lo premie, y si no, que os lo demande.*"

Las leyes constitucionales de 1836 preveían, en la ley cuarta, artículos 11 y 12, la fórmula del juramento para presidente del país: "*Yo, N., nombrado Presidente de la República Mexicana, juro por Dios y los Santos Evangelios, que ejerceré fielmente el encargo que se me ha confiado y observaré y haré observar exactamente la Constitución y leyes de la Nación*", remitiendo al reglamento interior del Congreso el detalle de todas las ceremonias de este acto. En la ley quinta, artículo 7, el juramento de los Ministros (aquí ya se le da dicho trato al integrante de la Corte Suprema de Justicia), se tenía que otorgar con esta fórmula: *"¿Juráis a Dios, nuestro Señor, guardar y hacer guardar las leyes constitucionales, administrar justicia bien y cumplidamente, y desempeñar con exactitud todas las funciones de vuestro cargo" "Si así lo hiciereis, Dios os lo premie; y si no os lo demande."*

Todavía la Constitución de 5 de febrero de 1857 fue promulgada, como lo dice el encabezado, "en el nombre de Dios y con la autoridad del Pueblo Mexicano", y en su artículo 94 se dispuso el juramento ante el Congreso de los 'individuos' de la Suprema Corte de Justicia: *"¿Juráis desempeñar leal y patrióticamente el cargo de magistrado de la Suprema Corte de Justicia que os ha conferido el pueblo, conforme á la Constitución, y mirando en todo por el bien y prosperidad de la Unión?"* Incluso el Estatuto provisional del Imperio mexicano de Maximiliano, dispuso en el artículo 3° que el Emperador o el Regente, al encargarse del mando, juraría en presencia de los grandes Cuerpos del Estado, bajo la fórmula siguiente: *"Juro a Dios, por los Santos Evangelios, procurar por todos los medios que estén a mi alcance, el bienestar y prosperar de la Nación, defender su independencia y conservar la integridad de su territorio."*

La reforma de 25 de septiembre de 1873, siendo presidente constitucional de la república mexicana Sebastián Lerdo de Tejada, incorporó unas adiciones a la constitución de 1857, en las que destaca la separación del Estado y la Iglesia, la libertad de cultos, el estado civil registrado por autoridades civiles, la prohibición a las instituciones religiosas para adquirir bienes raíces, la libertad de trabajo y la eliminación del juramento, ordenando: "La simple promesa de decir verdad y de cumplir las obligaciones que se contraen, sustituirá al juramento religioso con sus efectos y penas."

Dos días después se decretó que "todos los funcionarios y empleados de la República, de cualquier orden y categoría que sean, protestarán, sin reserva alguna, los primeros: guardar y hacer guardar, y los segundos, solamente guardar dichas reformas y adiciones; sin cuyo requisito no podrán continuar en el ejercicio de sus respectivos cargos o empleos."

¿Qué sucedió? ¿Por qué se eliminó el "juramento", cuyo contexto se ubicó entonces como 'religioso' (en el decreto de la reforma de 1873)? Como dice Salvador Cárdenas (*La imagen pública del juez*, SCJN, 2006), en el siglo XIX fundamentalmente, la ceremonia, los símbolos y el uso de ciertas prendas le daban el prestigio y el lugar que a la investidura le correspondían, tanto al titular del poder ejecutivo como a los magistrados de la Suprema Corte, además de la importancia que revestía el juramento como una 'invocación del nombre de Dios en testimonio de la verdad'. El juramento relacionado con la función pública era el denominado juramento promisorio, el cual comprometía públicamente al juramentado a la realización de una tarea futura; es decir, se debía cumplir lo jurado por cuestiones de honor y su incumplimiento acarrearía el castigo divino. Era imperativo el juramento a una nueva constitución o a sus reformas. Tales juramentos estaban repletos de solemnidades y rituales, los que eran dispuestos en decretos o reglamentos. Lógicamente, hubo quienes se abstuvieron de efectuar tal juramento porque no admitían el contenido laicista de la Constitución de 1857, en el caso de este cuerpo legal, asunto que podría calificarse de objeción de conciencia. No obsta decir que el Vaticano prohibió a los católicos, bajo pena de excomunión, jurar la señalada Constitución.

El juramento fue sustituido por la "protesta" en virtud del laicismo generado a partir de las Leyes de Reforma de 1859, 1860, 1861 y 1863 en que se regularon los temas mencionados por el decreto de Lerdo de Tejada.

El significado actual que le otorga el Diccionario de la Real Academia Española al vocablo 'protesta' es el de "una promesa con aseveración de ejecución o atestación de hacer algo" y "promesa solemne de un alto dignatario al tomar posesión de su cargo".

Actualmente, el artículo 97 constitucional regula la protesta de los ministros que se rinde ante el Senado y, en general, en el artículo 128 se dispone tal protesta para que todo funcionario público, sin excepción, antes de tomar posesión del encargo, preste la protesta de guardar la Constitución y las leyes que de ella emanen.

En Estados Unidos de Norteamérica el titular del poder Ejecutivo jura su cargo ante el presidente de la Corte Suprema de Justicia, con una mano sobre la Biblia y la otra levantada con los dedos hacia el cielo. Y ello no es mal visto ni representa una violación a las libertades de cultos ni nadie se desgarra las vestiduras.

Con relación a la protesta como promesa, es evidente que se está enalteciendo el valor de la palabra de honor de la persona que la realiza, con lo cual compromete su honorabilidad y valía.

n. ¿Es posible ser imparcial, independiente y objetivo al cien por ciento?

La pregunta es obligada porque si bien la Constitución Política de los Estados Unidos Mexicanos, en su artículo 100; el Código de Ética del Poder Judicial de la Federación en sus artículos 1 y 3 y el Código Iberoamericano de Ética Judicial en sus capítulos I y II, prescriben que el juez deba ser independiente, imparcial y objetivo, en la realidad, en la vida práctica, se cuestiona si verdaderamente el juez es totalmente independiente, imparcial y objetivo. En el transcurso de la existencia vamos adoptando ideologías, principios y líneas de pensamiento que son base de nuestras decisiones y formas de vinculación con los demás. No se puede evitar, se cree en algo, nos convence tal o cual doctrina, filosófica, ética, científica, etcétera.

En el caso que nos ocupa, se habla de independencia. El presidente de la Corte Suprema en El Salvador es entrevistado y afirma que "es una ilusión que un juez sea totalmente independiente", y refiere que él está afiliado a un partido político y que ello no es obstáculo para que en sus sentencias refleje independencia e imparcialidad, más aún, que no hay leyes que lo prohíban (en el caso de El Salvador) y que si alguien cuestionara su independencia tendría que probarlo.

El juez entrevistado, ¿tiene o no razón? ¿Se es totalmente independiente como juez? Inclusive no siendo juzgador…

El Salvador (La Prensa Gráfica):

- *"Es una ilusión que un juez sea totalmente independiente": Presidente de la Corte Suprema. Padilla justifica que, a su criterio, su afiliación con el FMLN no lo compromete como juez o como presidente de la Corte Suprema. No es cinismo reconocerlo, asegura. Si la Corte no resuelve rápido hay mora judicial. Y cuando resuelve rápido, hay intereses de por medio. Hombre, definamos esto porque ese es el punto. Hemos actuado conforme a la ley." La Sala de lo Constitucional de la Corte Suprema de Justicia (CSJ) se encuentra en la fase final de deliberación sobre las dos demandas que aceptó, el pasado 24 de julio, contra el nombramiento de José Salomón Padilla como presidente del Órgano Judicial. Lejos de defenderse de la acusación de filiación partidaria al FMLN, previo a la sentencia de la sala que preside, Padilla justifica que ni en la Constitución de la República ni en la Ley de la Carrera Judicial "se avizora que pertenecer a un partido político sea una causal de incompatibilidad con el ejercicio del cargo de magistrado", toda vez que la persona no pertenezca a la dirección del partido, sea representante de este o realice actividades proselitistas. El presidente de la Corte también se refirió a la relación con sus compañeros en la Sala Constitucional, a la investigación contra la magistrada Sonia Barillas y a la desaparición de documentos legales del caso CEL-Enel. La función de Padilla al frente de la CSJ comenzó el 22 de agosto de 2012. Ayer fue la primera vez que LA PRENSA GRÁFICA pudo entrevistarle, en una sesión a la que también fueron invitados una agencia internacional y un periódico.* Usted refiere en su defensa que ha dado *"probadas muestras de su independencia e imparcialidad sobre cualquier interés"* en su rol como presidente de la Corte. *¿A qué casos concretos se refiere ya que no ha firmado la mayoría de las admisiones tomadas contra actos relacionados al gobierno central, como por ejemplo el FONAT o la Ley de Acceso a la Información Pública?* No podría referirme en estricto a cada uno de los casos. Lo que en el escrito (de defensa) digo es que yo creo que he dado muestras de mi independencia, no la he comprometido, no de los partidos políticos, que la Constitución no los menciona. Pero si alguien cree que he violentado esa independencia que debo de tener como juzgador, que me diga en qué caso y con motivo de qué. Ahí están las instancias para que vayan los que tienen derecho. Usted afirma sus vínculos con el FMLN. *¿Cómo hay independencia en los órganos del Estado si los jefes del Ejecutivo, la Asamblea Legislativa y la Corte tienen todos vínculos con el mismo partido político?* Venir a hablar de una independencia absoluta entre órganos es imposible. El mismo artículo exige una interrelación a efecto de lograr los objetivos. La Constitución dice: "Ustedes coadyuven, ayúdense entre sí". Si la población hace esta relación de que todos los órganos del Estado tienen al frente una persona con vínculos del FMLN puede entenderse que los tres pueden estar en contubernio o que el partido les esté dando línea. *¿Puede vulnerar el sentido de independencia entre órganos del Estado?* A partir de ese tipo de conjeturas uno puede llegar a hacerse una infinidad de escenarios. *¿Y antes pues?* Yo no estoy diciendo que estuviera ese partido... Antes, *¿por qué nadie hablaba de que no hubiera independencia en el funcionamiento de los órganos? ¿El hecho de que se hiciera antes justificaría que esté bien hacerlo?* Es que yo hablo de los jueces, que es lo que se cuestiona, esa independencia en su actuar a la hora de impartir justicia. A esa independencia se refiere. En una de las resoluciones sobre la Corte de Cuentas, cuatro magistrados de la sala que usted preside afirmaron: 'La labor trascendental que realiza este tribunal no puede depender de la voluntad de uno de sus miembros, ni siquiera de su presidente'. *¿Por qué hay una ruptura cuatro a uno en la sala?* No es que haya en *sí esa ruptura. Puede haber divergencia y la hay en los órganos colegiados, en los tribunales de justicia. En la deliberación está ese elemento que permite llegar a mejores conclusiones. El estar en minoría no implica que no deban ser tomados los insumos que el de la minoría aporta a la discusión. Es una diferencia bien marcada no en uno, sino en varios casos... Es normal, ¿Por qué tengo que votar por unanimidad? Incluso la sala sacó una sentencia, la 6/2009 (su asistente lo corrige)... la 78/2009, en la que rompe la unanimidad que se exigía a otras salas. La democracia tiene la libertad como pilar fundamental. Uno de los bastiones en los que puede estar reflejada es en el libre ejercicio a los derechos políticos. De tal manera que el ejercicio regulado por el artículo 72 de la Constitución es asociarse para formar partidos políticos o ingresar a los que ya estén constituidos. Hay 15 magistrados en la Corte y usted es el único que ha admitido esos vínculos con un partido, ¿no hay una cuota de cinismo en eso? No, lo que hay es honestidad. ¿Entonces los demás son deshonestos? No estoy diciendo eso. La independencia a la que se refiere la Constitución no es solamente de los partidos políticos. El problema es que muy probablemente hay otros elementos de los que se pueda ser dependiente y que se esté actuando de esa manera. ¿Por ejemplo? No, no voy a poner ejemplo. O sea, yo puedo ser dependiente, por ejemplo, de un partido político sin estar afiliado a un partido político, y yo no puedo ser dependiente de un partido político aun estando afiliado. Ese es mi caso, definitivamente. Si alguien cree que está cuestionada mi independencia que lo pruebe, pero no a partir de una presentación abstracta de la situación. Que vayan a lo concreto. Es una ilusión estar considerando que un juez pueda ser independiente totalmente. Hay una investigación judicial que se tramitó bastante rápido en el caso de Sonia Barillas de Segovia, la magistrada que lo sustituyó a usted para estudiar las (dos) demandas en su contra. ¿Puede entenderse de alguna manera que no sea una reacción de su parte? Esas son de las cosas que ya no se entienden en este país porque si la Corte no resuelve rápido hay mora judicial. Y cuando resuelve rápido, hay intereses de por medio. Hombre, definamos esto porque ese es el punto. Cuando se da o se autoriza* la investigación de algunas actuaciones de la magistrada Sonia de Barillas es a petición de la Procuraduría de Derechos Humanos (PDDH). *¿La coincidencia de los tiempos con los que ella conoce de su caso la tenemos que entender como una casualidad?* Aquí tengo los datos de cuántos casos se han resuelto y cuántos se han admitido en este período de mi presidencia. *¿No hay una diferenciación de casos?* Porque hay casos de 1995 ahí en el departamento de Investigación Judicial y el de Barillas entra el 6 de mayo de este año y...*¿O sea que usted pensaría que este caso hay que dejarlo ahí para que se acumule junto a los otros? ¿Eso es lo que me quiere decir?* No, lo que pienso es que hay una coincidencia de tiempos que llama la atención... Simple y sencillamente hemos actuado conforme a la ley con la mayor celeridad posible. *¿Cuántas personas ha contratado la Corte desde que usted asumió la presidencia?* Había un aproximado de 733 plazas vacantes y se armó aquel relajo que decían ya las van a llenar y de aquí y de allá. Se han contratado nada más las necesarias, son un aproximado de ciento y algo. El anterior presidente de la CSJ, Belarmino Jaime, decía que ellos podían incluso funcionar con la mitad del personal ¿necesita tantas personas la Corte? Sí, ahorita claro que los necesita. Con que hacen falta. Se van a crear tribunales ambientales, vienen otros tribunales en materia de género y los Especializados. Se necesita refuerzo en los juzgados de Vigilancia Penitenciaria y no se han llenado esas plazas. Son personas las que terminan actuando. *¿Por qué se le pidió que dejara de dar informes de Medicina Legal al doctor (Miguel) Fortín?* Que yo recuerde nunca le he dado instrucciones al director de Medicina Legal para que deje de dar información. Quiero decirle que en el interior del IML existe un consejo directivo del que el forma parte. *¿Qué tipo de documentos son los que se reportaron como "robados" en el caso CEL-Enel? ¿Cuándo se empezaron a buscar, cuánto tiempo se buscaron antes de declararlos robados? Además, ¿cuál es la situación actual de esos documentos? ¿Cómo y cuándo se perdieron?* Se solicitó una documentación por parte de la Fiscalía General de la República a la Corte Suprema de Justicia. No sé de dónde salió el señalamiento de que unos documentos habían sido robados de la CSJ, atendiendo al hecho de que significa *robo. Robo es un delito con sus especiales características. El punto fue abordado en Corte Plena. Este día nuevamente lo hemos visto y se encontraron unas copias de una serie de documentos aquí en presidencia. En un informe se está diciendo ahí que, por la premura y ligereza con que se actuó en ese momento, no se encontraron ni siquiera las copias. Este día se abordó nuevamente el punto y se tomaron algunas decisiones tendientes a definir de una sola vez donde están esos documentos: si no están, si están todos, si solo hay copias, si hay originales. <u>¿Están perdidos?</u> Yo no puedo decir que están perdidos. <u>¿Pero no los han encontrado?</u> Eso es otra cosa. Pero que porque no se sabe dónde están digan que se los han robado me parece a mí que es una ligereza. Creo que es mejor investigar para luego decir con propiedad esto y esto fue lo que pasó. <u>¿Usted se ha reunido en su despacho con las magistradas de la Sala de lo Contencioso Administrativo para ver la demanda contra el nombramiento de los 10 magistrados?</u> (La Sala de lo Contencioso actualmente estudia tres demandas por ese caso, donde se incluye a los cuatro compañeros de sala de Padilla). No, a mí me parece que esa es una pregunta... No, aquí a veces nos reunimos por cuestiones de trabajo, pero prácticamente usted me está preguntando si aquí nos hemos reunido para planificar algún tipo de resolución. Abiertamente le puedo decir que no.*

o. ¿Justicia roja?

La prensa mundial se ha encargado de exponer casos patéticos de justicia oriental, polémicos desde luego, destacando la de China.

El caso que abajo se transcribe, reciente, describe la dureza con que se conducen estos tribunales populares –no tanto por la sentencia a los violadores, que a todas luces parece justificarse– sino porque la madre de la hija víctima de la violación protestó frente a un edificio de oficinas, con lo cual fue detenida y acusada de alterar gravemente el orden social y ejercer un impacto negativo en la sociedad, y condenada a 18 meses de reeducación por medio de trabajo.

He ahí la forma en que en dicho país no se tolera la "manifestación" de ideas frente a edificios públicos o derecho de petición, un derecho que en las constituciones occidentales tiene amplio alcance, no se diga en la nuestra…

Pero a diferencia de países como Estados Unidos de América o Canadá, en que se regulan las marchas y manifestaciones para no violar el orden público y afectar a la ciudadanía, en México persiste la resistencia a llevar a cabo dicha regulación, por demás justificada y necesaria.

Intitulamos "justicia roja" este comentario, en recuerdo de la película que protagonizó Richard Gere en 1997 y en que abiertamente se desarrolla una crítica al sistema judicial chino (y de paso la complacencia de las autoridades norteamericanas). La película es recomendable como un *thriller* jurídico.

En el presente caso ¿es excesiva la sanción impuesta a la madre de una víctima?

China (Xinhua):

- *Madre de víctima de violación apela a tribunal superior. La madre de una niña que fue violada y forzada a prostituirse presentó hoy martes una apelación ante el Tribunal Popular Superior de la provincia central china de Hunan <u>después de haber perdido la demanda que interpuso contra las autoridades locales por haberla internado en un campo de reeducación por medio del trabajo</u>. En la apelación, Tang Hui solicitó la anulación de la sentencia del Tribunal Popular Intermedio de la ciudad de Yongzhou, pidiendo además una disculpa del comité local de reeducación a través del trabajo y una compensación de 2.463,85 yuanes (399,5 dólares) por el tiempo que permaneció en dicho campo. El año* *pasado, Tang exigió castigos más severos para aquellos que violaron a su hija, de entonces 11 años de edad, y la obligaron a prostituirse. La mujer fue internada en un campo de reeducación por medio del trabajo por "alterar gravemente el orden social y ejercer un impacto negativo en la sociedad" al protestar frente a un edificio de oficinas del gobierno local el 2 de agosto de 2012. Tang fue condenada a 18 meses en el campo de reeducación por medio del trabajo pero fue puesta en libertad ocho días después ante la presión popular. El 22 de enero, Tang presentó una demanda ante el Tribunal Popular Intermedio de Yongzhou en la que solicitaba una compensación de 2.463,85 yuanes, la misma cantidad que figura en la apelación. La audiencia del caso se celebró el 28 de enero y duró un día. El 12 de abril, el tribunal rechazó la demanda. En octubre de 2006, la hija de 11 años de Tang fue secuestrada, violada y obligada a practicar la prostitución, hasta que fuera rescatada el 30 de diciembre de 2006. El 5 de junio del año pasado, el Tribunal Popular Superior de la Provincia de Hunan sentenció a muerte a dos de los acusados implicados en el caso. Otros cuatro recibieron cadena perpetua y uno más recibió una pena de 15 años de prisión.*

p. Scalia v. Ginsburg: argumentación e interpretación constitucional… ¡en una ópera!

En la nota que abajo se transcribe (un resumen y una traducción al español de la noticia original en inglés) encontramos como *leit motiv* de una ópera, inspiración de un abogado norteamericano, ni más ni menos que la argumentación e interpretación constitucional, cuyo libreto está integrado por interesantes argumentos expresados sobre la interpretación constitucional por los *justices* Ruth

Bader Ginsburg y Antonin Scalia, de la Corte Suprema de Justicia de los Estados Unidos de Norteamérica.

De manera que, la interpretación constitucional puede ser no solo objeto de estudio de los juristas por la relevancia de su alcance en la resolución de los más complejos asuntos que llegan a la Suprema Corte, sino que también pueden constituir material para armar una ópera, una obra de teatro, una novela, en fin… al cabo que en todos esos conflictos que llegan al conocimiento de los tribunales encuentran cabida múltiples manifestaciones culturales; ya lo señalamos antes, la conflictiva social es inevitable, el ser humano está pleno de emociones en su diario quehacer, es más emocional que racional y la voluntad cede a veces a la razón, a la locura, desatándose las pasiones típicas como los celos, lujuria, ira, venganza, engaño, que producen adulterios, homicidios, justicia por mano propia…así, el derecho se presenta no en una norma fría y distante escrita en un código sino en una cruda realidad que puede ser escenificada en una ópera, pues, como decía Calamendrei[70], "…bajo el puente de la justicia pasan todas las miserias, todas las aberraciones, todas las opiniones políticas, todos los intereses sociales".

Estados Unidos (NPR/AP):

Resumen: Scalia/Ginsburg, la interpretación constitucional convertida en ópera. Los Justices Ruth Bader Ginsburg y Antonin Scalia tienen diferencias muy conocidas en materia de interpretación constitucional, pero son amigos y comparten el gusto por la ópera. Derrick Wang, un compositor que también es abogado, está componiendo una ópera intitulada Scalia/Ginsburg, basada en las propias palabras de los Justices, e inspirada, musicalmente, en diversos compositores, como Verdi, Puccini y Bizet.Wang tuvo la idea de componer la ópera, a partir de la consulta de

---

[70] Elogio de los jueces escrito por un abogado, México, Oxford University Press, 2001, pág. 123.

las resoluciones de la Suprema Corte y, especialmente, los votos particulares de Scalia. En cuanto
a las opiniones de Ginsburg, al compositor le parecieron un faro de lirismo. Wang escribió a ambos
Justices para pedirles permiso para poner sus palabras en una ópera, y con rapidez, ambos
respondieron al compositor que no necesitaba de sus permisos, al amparo de la Primera Enmienda.
Así, la interpretación constitucional es convertida en ópera. En un momento de la trama, ambos
Justices se encuentran encerrados en una habitación, y la única manera de salir de ella es mediante
un acuerdo sobre interpretación constitucional. Tras una premier, los dos ministros de la Corte
felicitaron al compositor.

TRADUCCCIÓN AL ESPAÑOL DE LA NOTA EN INGLÉS:

"**Scalia V. Ginsburg: Corte Suprema Sparring, ponga música** . Los jueces Ruth Bader Ginsburg y Antonin Scalia han sido amigos durante décadas, pero son famosos por sus diferencias en la interpretación constitucional. El día después de que el Tribunal Supremo concluyó su término en junio, dos de los antagonistas judiciales supremos, juez Antonin Scalia y jueza Ruth Bader Ginsburg, se encontraron por un amor mutuo: ópera. Cuando se trata de interpretación constitucional, Scalia conservador y Ginsburg liberal, son líderes de dos alas opuestas de la corte. Para hacer cosas aún más interesantes, que los dos han sido amigos durante décadas, desde mucho antes de Scalia fue nombrado a la corte por el Presidente Reagan y Ginsburg por el Presidente Clinton. A Ginsburg le agrada a Scalia porque le hace reír; a Scalia le gusta Ginsburg porque se ríe de sus chistes; y los dos gustan de compartir ideas. Lo que une a ellos, sin embargo, es la ópera. Derrick Wang, un músico talentoso que acaba de graduarse de la Facultad de derecho de la Universidad de Maryland Carey. Wang está componiendo una ópera titulada Scalia/Ginsburg, basado en las palabras de los jueces y con temas musicales y estilos de otros compositores como Verdi, Puccini y Bizet.

La Universidad de Maryland planea una Premier para este otoño, y conseguirá un programa parcial para la próxima primavera en la Ópera Nacional de Washington y su programa de jóvenes artistas. Mientras tanto, en la Corte Suprema, Scalia y Ginsburg tienen una vista previa en la sala de conferencias de este 27 de junio con una pequeña audiencia de secretarios y personal de guardia. El germen de la idea de Wang llegó cuando él estaba leyendo dictámenes de la Corte Suprema en la Facultad de derecho, incluyendo los votos disidentes de Scalia. "Me di cuenta de que esto es la cosa más dramática que he leído en la Facultad de derecho... y empecé a oír música — una aria 'brava' por la Constitución," dijo Wang. "Y entonces, en medio de esta acción retórica, en contrapunto, cómo aparecieron las palabras de la jueza Ginsburg — como un faro de lirismo con una férrea resistencia y una ferviente convicción propia.

Y me dije a mí mismo, 'esto es una ópera'. "Escribió a los jueces a preguntar si él podría poner sus palabras a la música. Scalia y Ginsburg respondieron rápidamente que Wang no necesitaba su permiso, habida cuenta de la primera enmienda. Pero de todos modos él quería su bendición. Así nació una ópera, basada en las personalidades de los dos jueces — de Scalia, grandilocuente y Ginsburg, recatada — y sus desacuerdos ideológicos. Como todos los nacimientos, ésta tuvo una partera: amante de la ópera y adjunto de Maryland, profesor Mike Walker, que fue "inspirado" cuando Wang se acercó a él sobre su composición. Walker ha tutelado el compositor y el proyecto desde entonces."

Interpretación constitucional, en la canción. La trama se desarrolla, los dos jueces se encuentran encerrados en un cuarto, y la única salida es ponerse de acuerdo sobre un enfoque constitucional. Un gruñón Scalia fulmina: *los jueces son* *ciegos* — *¿cómo pueden ellos burlarse de ésta?* ¡*La Constitución no dice absolutamente nada acerca de esto! ¿Este derecho que ha consagrado — cuándo surgió? Los redactores escribieron y firmaron palabras que no fundamentaron;* ¡*La Constitución no dice absolutamente nada acerca de esto!* Cuando entra Ginsburg, Scalia le implora a forzar la vista a "The Star-Spangled Banner," preguntando por qué no leía la Constitución correctamente. *Oh, Ruth, ¿puedes leer? Eres consciente del texto. Sin embargo, tanto orgullo ha fallado en localizar su verdadero significado.* Finalmente, el le dice a ella que es imposible que le haga cambiar de opinión. Lo peleará. Harás bien en no dudar sobre esto: *puesto que no he renunciado, procederé a proclamar esto.* ¡*La Constitución no dice absolutamente nada acerca de esto!*

Ginsburg responde con calma razonable, pidiendo a Scalia a considerar un enfoque diferente. *Cuántas veces debo decirte, querido señor juez Scalia, sería ahorrarnos tanto dolor si sólo entretienes esta idea. Estás buscando en vano una solución brillante, a un problema que no es tan fácil de resolver. Pero lo hermoso de nuestra Constitución es como nuestra sociedad, puede evolucionar.* Nuestros fundadores, por supuesto, eran hombres de gran visión, ella dice, pero su cultura se restringía hasta dónde podían ir. Así que a nosotros, nos legaron la decisión de permitir ciertos significados, hacerlos florecer y crecer. *Estamos liberando a las personas que solíamos mantener cautivas, que merecen ser más que sólo sirvientes o esposas. ¿Si no hubiéramos estado dispuestos a ser tan adaptable, puedes decir honestamente qué habría llevado una vida mejor?*

En su final, Scalia responde con su característico humor, con una nota alta: "De todos modos, ese es mi punto de vista, y resulta ser correcto".

'Una gran Diva'. Después de la actuación, los dos jueces felicitaron a Wang y a los dos cantantes, ambos egresados del Conservatorio Peabody: tenor Peter Scott

Drackley, quien cantó el papel de Scalia y la soprano Kimberly Christie, quien cantó el papel de Ginsburg. "Fue maravilloso", dijo Scalia, agregó, "Si pudiera elegir, sería un tenor". De hecho, dice, es "un cripto-tenor" — lo que significa, es un barítono. En cuanto a Ginsburg, sólo suspira: "La verdad es, si Dios me diera algún talento en el mundo, sería una gran diva." En cambio, ella es la diva de la corte, "cantando" regularmente enfrente del divo Antonin Scalia. Reanudan sus labores en el primer lunes de octubre, cuando comienza el nuevo período de sesiones de la Corte."

q. Sobre las leyes que autorizan esterilización… en el siglo XXI, igual que en el XIX en USA y en el XX con el nacionasocialismo

La noticia es del año 2014.

En una película de 1962, "Los Juicios de Nuremberg", se resalta mucho la legislación nazi que permitía esterilizar a los retrasados mentales, y aún a personas que el régimen consideraba "asociales", judíos, polacos, gitanos, etc.
Podría pensarse que eso es cosa del pasado y que hoy la política pública de la protección a los derechos humanos no permitiría que resurgiera una ley así; no obstante, en un tribunal constitucional latinoamericano piensan que los menores con discapacidad mental deben ser esterilizados. Es una apuesta en contra del avance científico y la dignidad de dichas personas.

Colombia (El Tiempo):

- **Corte Constitucional avala vasectomía o ligadura en menores con discapacidad mental permanente.** *A los menores de edad con discapacidad* *mental permanente, como un retraso congénito irreparable, se les podrán aplicar métodos de anticoncepción quirúrgica, como ligadura de trompas en el caso de las mujeres, y vasectomía, en el de los varones. Así lo determinó la Corte Constitucional al resolver una demanda contra el artículo 7 de la Ley 1412, del 2010, que prohibía, en todos los casos, practicar procedimientos con fines anticonceptivos en menores de edad. Y aunque el alto tribunal consideró que la norma es constitucional, estableció dos excepciones en su fallo. La primera se refiere a los menores con discapacidad mental permanente, caso en el cual debe existir una certificación de una autoridad competente. La segunda se relaciona con niñas menores, cuya vida pueda ponerse en riesgo, por ejemplo, si la menor sufre insuficiencia cardiaca, lo cual, durante un embarazo, aumentaría la actividad del corazón. En cualquier caso debe existir autorización judicial, previa petición de los padres o del representante legal. La Corte justifica su posición señalando que el menor con discapacidad mental permanente carece de discernimiento para formular su consentimiento libre en cuanto a la formación o no de un hogar o la decisión de asumir la paternidad. El coordinador del Comité Nacional de Psiquiatría Infantil, Hernán Puentes Giraldo, explicó que una enfermedad mental permanente es aquella que tiene pronóstico irremediable, a pesar de que se cuente con todos los recursos terapéuticos disponibles para su mejoramiento. Puentes dijo que, aunque no es posible citar ejemplos, porque cada caso es especial, algunas de esas enfermedades se refieren a la parálisis cerebral o al autismo severo. Los argumentos de la demanda señalan que prohibir que a los menores se les pueda practicar cirugías irreversibles para evitar que sean padres "vulneraba el derecho a la igualdad, al libre desarrollo de la personalidad y al derecho a formar una familia, así como la protección integral de los niños, las niñas y los adolescentes". El demandante también pedía que, en el caso de los menores con discapacidad, se les diera un trato especial y no idéntico a los menores en condiciones estables. Los magistrados dejaron claro que los menores sin enfermedad no pueden someterse a ese tipo de procedimientos. La Procuraduría había considerado que la norma demandada "no implica ningún tipo de discriminación" y "tampoco supone la limitación o restricción de los derechos fundamentales de los adolescentes mayores de 14 años y menores de 18, ni de los menores que sufran alguna discapacidad". Patricia Gaviria, psicóloga clínica y directora de la Fundación Integrar, que trabaja con niños autistas, dijo que, más allá de permitir o no la práctica de un método de anticoncepción quirúrgico, el debate debería estar centrado en proteger a los menores que no tienen capacidad de discernir, y evitar que tengan relaciones sexuales, que, por su condición, se configura un abuso. Gaviria consideró que, aun en niños con discapacidad, esta debe ser "una decisión autónoma, y, en caso de que no tengan la conciencia para hacerlo, nadie más puede decidir, ni sus padres". Por su parte, Edith Betty Roncancio, directora de la Liga Colombiana de Autismo, afirmó que la decisión de la Corte podría convertirse "en una vulneración de los derechos de elegir lo que se quiere para el futuro. Se debería esperar a que cumplan su mayoría de edad y sean ellos quienes tomen la decisión".*

r. ¿Tercer género?

Los seres humanos ya no somos solamente hombre y mujer; hay de acuerdo a legisladores, un tercer género. Es calificada como de revolución legal. ¿Pero eso es en realidad? El legislador puede autorizar el aborto, el matrimonio de personas del mismo sexo y ahora puede ofrecer más de dos opciones para géneros (que ahora está mal que digamos "sexos"). ¿Pero no será más bien que en lugar de revolución será "involución"? ¿Hasta dónde puede llegar el individuo como legislador, en su afán de retorcer las leyes naturales? ¿Qué sigue: autorizar a que las personas se casen con sus mascotas? Total, si así son felices…podrán ser legales, pero todos esos actos legislativos son en esencia inmorales.

A partir del 1 de noviembre Alemania ofrecerá a los padres tres opciones para rellenar el certificado de nacimiento de sus bebés: 'masculino', 'femenino' y 'en blanco'.

La nueva ley aprobada en mayo, pero dada a conocer sólo hasta ahora, convierte a Alemania en el primer país europeo en oficializar la tercera opción de género.

El cambio en la normativa permite a los padres la posibilidad de dejar en blanco la casilla de género para aquellos bebés nacidos físicamente con ambos sexos, conocidos como bebés **hermafroditas**.

La nueva legislación brinda la posibilidad de que más adelante, en edad adulta, esas personas con sexo indeterminado puedan escoger si quieren estar bajo la categoría masculina o femenina.

Pero también se ofrece la opción de quedarse bajo la categoría del tercer género o indeterminado y no tener que escoger en ningún momento de su vida entre ninguna de las dos opciones.

En Alemania, algunos medios de prensa están calificando a esta nueva ley como una 'revolución legal'.

Sin embargo, todavía no hay detalles sobre cómo la nueva ley afectará el uso del género en otros documentos oficiales como los pasaportes, donde hay que escoger entre una 'M' y una 'F'.

Las implicaciones del tercer género

La publicación alemana dedicada al derecho familiar **FamRZ** ha pedido que esa tercera categoría sea identificada con la letra 'X'.

La nueva ley ya aprobada se apoya en una decisión de la corte constitucional que establece que mientras una persona 'sienta profundamente' que pertenece a cierto género, tiene también el derecho de escoger cómo se identifica legalmente.

"Tercera opción"

La ley, conocida como del 'tercer género', también tendrá un efecto sobre las leyes que conciernen al matrimonio ya que, hasta este momento, en Alemania sólo se pueden casar mujeres con hombres.

Hace seis semanas Australia se convirtió en el primer país del mundo en aprobar una legislación sobre el tercer género, si bien ya desde 2011 las leyes australianas permitían a sus ciudadanos marcar con una 'X' la casilla de género en el pasaporte, algo que también puede hacerse en Nueva Zelanda desde 2012.

Libertad para el cambio

Demian McGuinness, corresponsal de la BBC, explica cómo ha sido recibida esta nueva ley en Alemania: 'Ha sido vista como un paso adelante en cuanto a los derechos de género'.

La normativa también permitirá a los bebés hermafroditas cambiar su género en diferentes momentos de su vida.

McGuiness explicó que todavía hay muchos puntos sobre los que no hay claridad total en casos específicos como matrimonios y adopciones.

Un ejemplo de estos casos específicos es qué pasaría si alguien con un sexo indeterminado fuera sentenciado a prisión. ¿A qué tipo de cárcel debería ir?

En todo caso, señala el corresponsal, la nueva legislación se enmarca en una tradición alemana de tolerancia al tratar derechos de género.

'Es algo lógico pero no es una ley tan progresista como nos gustaría que fuera', explicó a la BBC Richard Köhler, del grupo activista Transgender Europe.

Köhler detalló que esta ley se limita a casos donde un doctor tiene que hacer una diagnosis de hermafrodita.

Sin embargo, apunta, la normativa no brinda esta posibilidad de escoger a personas que no entren en ese diagnóstico.

Köhler indicó que lo que grupos como su organización pretenden es provocar un debate para cuestionar si es necesario que una persona tenga que marcar obligatoriamente en una casilla cuál es su género.

s. Programa de televisión chino que viola derechos fundamentales: la dignidad del ser humano

La ética no es solo para profesionistas y jueces; en el diario acontecer de las empresas, del gobierno, en fin, de las múltiples actividades y ocupaciones de las personas, se encuentra presente la directriz de cómo va a comportarse, y los medios de comunicación, específicamente la televisión, no queda exenta de estas directrices éticas. Con el afán de tener un rating elevado, las televisoras hacen lo que sea, pero ¿trasmitir entrevistas a personas que van a ser ejecutadas antes de que esto ocurra? Sabemos que la gran mayoría de los *reality* shows pasan por encima de los derechos humanos de las personas, que no obstante, se prestan voluntariamente a que ventilen sus vidas y asuntos privados, pero en este caso el entrevistado es una persona condenada a muerte por el Estado. Recuérdese por ejemplo el caso de la película "The Truman Show", con Jim Carrey, donde el protagonista es un individuo que desde que nació ha sido adoptado por una corporación para trasmitir las 24 horas del día los 365 días del año su vida y todo lo que le rodea, sin que él lo supiera, lo que mueve a pensar en un experimento cruel que el consumismo y las corporaciones explotan como mercancía.

La noticia que se transcribe mueve a la reflexión sin duda alguna, respecto al programa mismo, el contenido y la finalidad supuesta que persigue, de hacer conciencia en los ciudadanos de lo que les podría pasar si infringen la ley.

Invitamos al lector para que opine sobre este asunto, si en verdad la televisora está en lo correcto en exhibir a los condenados a muerte momentos antes de que sean ejecutados y si ello va o no en detrimento de la dignidad del individuo, además de lo que quiera comentar sobre la política pública que lo permite.

8 de marzo de 2012
China (RTVE)

- **Un programa de entrevistas con presos en el corredor de la muerte, éxito televisivo**. *Más de cuarenta millones de espectadores de la provincia china de Henan se ponen los sábados por la tarde ante el televisor para seguir el programa "Entrevistas antes de la Ejecución", una emisión televisiva que entrevista a presos condenados a muerte momentos antes de que se cumpla su sentencia. La presentadora del programa se llama, Ding Yu, una periodista que ha entrevistado a más de doscientos asesinos, violadores, traficantes de drogas y otros convictos y que en las entrevistas no se ahorra desprecios, insultos y críticas para los criminales que, aunque esposados y vestidos de color naranja, están frente a ella. Cara a cara. El programa de televisión fue autorizado por el gobierno chino dice el rotativo "para mostrar la miseria de los condenados por crímenes a la pena capital" y también como un llamamiento al orden para la ciudadanía. En declaraciones al WP, el director del canal que emite el exitoso programa aclara que, con la emisión quieren advertir de las consecuencias que conlleva el saltarse las leyes. "Si* *se avisa las tragedias pueden evitarse. Es bueno para la sociedad", señala el responsable. La emisión si permite ver aspectos desconocidos del mundo carcelario y de la justicia china que siempre han estado ocultas. Junto a las entrevistas se proyectan otras con miembros del estamento judicial e incluso en algunas ocasiones se cuestiona la pena capital. Según los datos recogidos por The Washington Post en Amnistía Internacional, China sigue siendo el país que mayor número de personas ejecuta al año, aun a pesar de que estos datos siguen siendo un secreto de estado. La justicia del gigante asiático contempla todavía 47 delitos que son castigados con la pena capital aún a pesar de que en 2011 y después de 20 años sin hacerlo, elimino 13 tipos de delitos que también se castigaban con la muerte.*

8.- Conclusiones en general

Después de observar esta fenomenología de la ética en varias manifestaciones sociales, cabe preguntarse si ¿es válido que un impulso utilitarista moderno pase por encima de la ética más neutra que pueda concebirse?

Por ejemplo, Jorge Adame Goddard[71] expresa al respecto su parecer de la siguiente forma: "… ¿deben las leyes respetar las tradiciones éticas de la sociedad o pueden contradecirlas? ¿tienen los ciudadanos el deber de obedecer leyes que violentan sus convicciones éticas, o por el contrario tienen el deber de desobedecer las leyes?"

En los casos emblemáticos que hemos conocido en estas líneas, la ética y el derecho confluyen, pero no necesariamente conviven. Por ejemplo, en el caso de las redes sociales y la tecnología tan avanzada que nos permite contar teléfonos

---

[71] "Ética, legislación y derecho", en *Problemas Actuales sobre derechos humanos.* Javier Saldaña Serrano (coord.), 2ª reimpr., México, UNAM-IIJ, 2017, págs. 27 y sigs.

inteligentes y llegar a vivir una especie de mundo virtual, o una segunda vida, todos estos avances no son necesariamente malos en sí, sino el uso al que se les destina, el propósito que se les quiera atribuir. El individuo está cada vez más en contacto con el mundo virtual, ha comprobado que una sociedad en miniatura, como lo es la red social virtual, se convierte en un estado natural del individuo, y más que ser una herramienta de comunicación, es una máquina de control y de fuerte influencia sobre la autonomía del ser humano; es el nuevo esclavismo, una "droga digital".

Lo mismo podríamos opinar de la forma en que se sacrifican animales para consumo humano, o incluso de la tortura para extraer la información de un terrorista que nos indique dónde plantó la bomba que haría volar varias zonas postales con miles o cientos de miles de personas como potenciales víctimas; estos ejemplos son tan solo una muestra de que la ética actual es selectiva. En el caso del torturador experto de la CIA, que al término de su "jornada" laboral llega a casa a la hora de la cena y comienza a enseñar a sus hijos la conveniencia de no mentir, no robar o no matar porque lógicamente no sería ético, nos indica que hay una doble moral en muchas áreas de la sociedad. El valor de la vida en ciertos casos sería relativo. Estamos en la era de la ética "a modo", que se procura y se practica enmarcada en un individualismo "neo-utilitarista". Ya no es posible imponer estándares morales a todos. La solución media tal vez sería abrir un diálogo que explore los mínimos morales, con lo cual podría haber una explicación aceptable a todos los casos emblemáticos expuestos en este breve trabajo, e incluso los que aun faltan por determinar, como el uso lúdico y legal de la mariguana, aunque en ciertos sitios ya está legislada, la regulación jurídica de ciertos derechos que pugnan por incluirse en el sistema jurídico mexicano como el matrimonio igualitario y la adopción de menores por parejas del mismo sexo, la reproducción asistida, el suicidio asistido y la eutanasia, que en otros países ya cuenta con normatividad. Recuérdese que el hecho de que alguno de estos eventos esté legislado no significa necesariamente que sea correcto éticamente. No olvidemos que la codificación penal nazi justificó muchas atrocidades contra el ser humano escudada en el positivismo.

En el ámbito del ciberespacio la solución es muchísimo más complicada de lo que aparenta; si bien ha habido avances significativos, aún falta mucho camino por recorrer para evitar todo ese conjunto de desastres que amenaza la extinción de la humanidad y la vida en la tierra, es decir, establecer un auténtico gobierno del ciberespacio que contenga sus propias normas y formas de gobierno. Hay algunas muestras de esta actividad legal en el ciberespacio como los juicios en línea y la consulta de información de los procesos en curso a través de internet, pero no es suficiente. Incluso el *teletrabajo* es una realidad en algunas latitudes, pero no es muy explotada aún la modalidad, que podría generar un significativo monto de recursos humanos y materiales. La protección a datos personales y el derecho al olvido son también regulaciones indispensables, pero reiteramos no son suficientes.

Todo el paso del ser humano desde la invención del teléfono, el radio, el uso de la energía nuclear, la clonación de animales y pronto la de personas, se verá a través del filtro de la ética forzosamente; si las computadoras con inteligencia artificial toman el mando de la sociedad entera, no habrá moral que las detenga.

Bibliografía

Adame Goddard, Jorge. "Ética, legislación y derecho", en *Problemas Actuales sobre derechos humanos*. Javier Saldaña Serrano (Coord.), 2ª reimpr., México, UNAM-IIJ, 2017.

Adame Goddard, Jorge. "¿Qué significa el estado laico hoy en México?", en *Revista Ars Iuris*, de la Facultad de Derecho de la Universidad Panamericana. México, Número 40. 2008.

Alexy, Robert. "Derecho y Moral", en *Interpretación Constitucional.* (coord.) Eduardo Ferrer Mac-Gregor. México, Porrúa, 2005,

Aristóteles: *Ética a Nicómaco.* Madrid, Mestas, 2010.

Cortina, Adela. *Ética mínima.* 16ª ed., Madrid, Tecnos, 2012.

Cortina, Adela y Emilio Martínez. *Ética.* Madrid, Ediciones Akal, 2015.

Gutiérrez Sáenz, Raúl. *Introducción a la Ética.* 8ª ed., México, Esfinge, 2006.

Hamelink, Cees J. *La ética del ciberespacio,* México, Editorial siglo XXI, 2015.

Ruiz Caballero, Carlos. "La audiencia (participativa), contra los derechos de la audiencia", en *Los derechos de las audiencias.* Guillermo Tenorio, (Coord.). México, Flores Editor y Distribuidores, 2017.

Savater, Fernando. *Ética de urgencia.* México, Ariel, 2012.

Sandel, Michael. *Justicia.* Barcelona, Debate, 2011.

Singer, Peter. Ética práctica, Madrid, Ediciones Akal, 2009.

Suñé Llinas, Emilio. (Coord.) *La Constitución del Ciberespacio.* México, Porrúa, 2015.

Ollero, Andrés. *Derechos Humanos. Entre la moral y el derecho.* México, UNAM, 2007.

Vigo, Rodolfo. "El iusnaturalismo clásico", en *Ars Iuris,* Revista de la Facultad de Derecho de la Universidad Panamericana, número 37, 2007.

Vigo, Rodolfo. *La injusticia extrema no es derecho.* México, Fontamara, 2008